AF391027

EXAMEN COMPARATIF

DE LA QUESTION

ES CHEMINS DE FER

EN 1839.

IMPRIMERIE DE H. FOURNIER ET C°,
RUE DE SEINE, 14.

EXAMEN COMPARATIF

DE LA QUESTION

DES CHEMINS DE FER

EN 1839

EN FRANCE ET A L'ÉTRANGER

ET DE L'INTERVENTION DU GOUVERNEMENT
DANS LA DIRECTION ET L'EXÉCUTION DES TRAVAUX

PAR G^ME TELL POUSSIN

PARIS

A LA LIBRAIRIE SCIENTIFIQUE ET INDUSTRIELLE

DE L. MATHIAS (Augustin)

QUAI MALAQUAIS, 15

M DCCC XXXIX

TABLE DES MATIÈRES.

PREMIÈRE PARTIE.

DE LA CONSTRUCTION DES RAILWAYS; DE LA PUISSANCE MOTRICE; DU
FROTTEMENT OU DE LA RÉSISTANCE PASSIVE DES MACHINES.

Construction des railways.

De la puissance locomotive comme moteur sur les chemins de fer.

Du frottement ou de la résistance passive des machines.

DEUXIÈME PARTIE.

DE L'INTERVENTION DU GOUVERNEMENT.

TROISIÈME PARTIE.

DIRECTION ET PLAN D'ENSEMBLE.

FIN DE LA TABLE.

INTRODUCTION.

Une des questions les plus importantes qui soient en discussion en ce moment, c'est sans contredit celle des chemins de fer ; elle touche à la fois aux intérêts privés et publics, et se lie étroitement à la prospérité présente et future du pays. Il est donc à désirer qu'elle reçoive une prompte solution. La retarder plus longtemps serait compromettre plus gravement notre nationalité par la continuation d'un système qui n'a fait jusqu'ici que paralyser nos efforts industriels, au lieu de les rendre productifs de bons résultats. Mais en même temps, pour que cette solution réponde à ce que nous en attendons, il faut qu'elle soit formulée par les chambres, et que celles-ci décident, après avoir pris connaissance de tous les points en discussion.

Nous nous sommes proposé dans cette publication de fournir notre part de renseignements sur cette grave question, et nous avons, dans ce but, réuni les données les plus exactes et les plus récentes sur la construction des railways et sur l'emploi de la vapeur comme moteur. La France, l'Amérique, l'Angleterre et la Belgique ont pu nous servir de points de comparaison ; car nous avons exercé notre profession d'ingénieur dans les deux premiers pays, suivi et étudié les chemins de fer et leur mode d'exploitation dans les deux autres ; nous avons donc pu entreprendre l'examen comparatif de la question des chemins de fer en France et à l'étranger avec tout l'avantage résultant de notre spécialité et de la connaissance des faits et des lieux dont nous avons à nous occuper ; aussi avons-nous éprouvé une espèce d'entraînement en nous livrant à la discussion d'un sujet aussi riche déjà en résultats, et si plein d'avenir pour le bien-être matériel et la civilisation des peuples.

Ce n'est point un ouvrage purement technique que nous avons voulu faire ; notre but, au contraire, a été de rendre le sujet que nous traitons aussi clair que possible et d'en faciliter l'intelligence à tout lecteur : nous avons donc écarté toute formule analytique, et expliqué toutes les expressions d'art qui auraient pu embarrasser.

Afin de procéder avec méthode, nous avons adopté trois grandes divisions dans lesquelles nous traitons séparément : d'abord la partie technique ; ensuite le droit d'intervention que doit exercer le gouvernement ; enfin la question de direction administrative et d'ensemble à donner à l'exécution des travaux.

Dans la partie technique des chemins de fer, nous avons eu occasion d'entrer dans des détails de construction importants par l'influence qu'ils exercent sur le mérite financier de semblables entreprises; à ce sujet nous avons fait ressortir tous les points qui donnent encore lieu à contestation parmi les ingénieurs, analysé l'opinion de quelques uns, indiqué de nouvelles recherches que nous considérons comme indispensables. Toujours nous avons marché du fait à la conclusion, et nous n'avons jamais rapporté de résultats que ceux que nous avons constatés nous-mêmes ou sur lesquels nous n'avons aucun doute.

On sera étonné de voir combien de points encore, dans la construction des railways, sont restés indéterminés jusqu'à ce jour, quoique cependant ces voies nouvelles aient reçu une application presque générale en Amérique, en Angleterre, en Belgique et sur d'autres points du continent. Cependant il nous paraît qu'il n'y a pas lieu d'être surpris autant qu'on pourrait le croire, car un chemin de fer n'est point une construction simple comme celle d'un canal ou d'une route royale, ayant un objet bien arrêté à remplir; c'est, au contraire, une construction qui doit se combiner avec les exigences éventuelles d'un moteur nouveau auquel chaque jour d'expérience peut apporter des modifications importantes. Pour qu'il y ait, par conséquent, harmonie entre les deux parties bien distinctes dont se compose un railway, sa surface roulante et son moteur, il faut qu'il y ait action réciproque et que les améliorations de l'une déterminent les perfectionnements de l'autre. On voit par là qu'on ne peut pas séparer la connaissance approfondie des machines à vapeur de la construction des railways ; aussi avons-nous jugé qu'il était indispensable d'entrer dans des développements assez étendus au sujet de la puissance motrice dans les renseignements que nous nous proposions d'offrir au lecteur. Nous avons donc rapporté les points qu'il importait le plus de connaître dans la construction des machines, leur accroissement de puissance, l'économie de combustible qui en est résultée. Nous avons également traité de l'effet des machines, de leur frottement, de leur vaporisation ; enfin, nous avons terminé par un résumé des dépenses d'exploitation des chemins de fer, calculé pour la même unité de parcours et de chargement, et déterminé d'après l'expérience des railways anglais qui ont été le plus longtemps en exploitation.

Ayant ainsi familiarisé le lecteur avec tout ce qui a rapport à la partie technique des chemins de fer, leur construction et leur exploitation, nous avons pensé qu'il était important d'appeler son attention sur une question non moins grave, celle de l'intervention du gouvernement, puisqu'elle peut décider ou contrarier le succès de ces entreprises. Nous l'avons analysé sur les points les plus saillants qu'elle nous a semblé présenter dans notre position. En citant les pays étrangers où nous avons eu occasion d'étudier la manière dont l'État intervenait dans les entreprises de chemins de fer, nous n'avons point eu l'intention de mettre la France en parallèle avec ces pays ; nous avons voulu seulement faire connaître comment l'industrie privée et le concours de l'État fonctionnaient avec ensemble pour arriver à un même et unique but ; nous en avons conclu que rien ne s'opposait, chez nous, à ce que l'État prît une part dirigeante dans l'exécution de ces voies nouvelles, tout en laissant à l'industrie une libre carrière.

Cette dernière conclusion nous a conduits à parler d'une modification importante réclamée par la position même des choses dans la direction administrative des railways, et nous avons consacré une partie de notre troisième division à développer les raisons qui établissent la nécessité de donner aux chemins de fer une direction administrative entièrement indépendante de l'administration des ponts-et-chaussées. Nous introduisons cette discussion parce que notre conviction est complète. Nous-même, en Amérique, nous avons fait partie d'une direction spéciale ; en Belgique nous avons retrouvé une institution semblable ; en Angleterre, pour les chemins de fer d'Irlande, on a créé une commission spéciale ; enfin, il est question de soumettre les railways de l'Angleterre à une direction générale sous le point de vue de l'ensemble et de l'utilité publique. En France, au contraire, l'administration supérieure, qui déjà avait entre les mains la haute et importante responsabilité de tous les travaux de nos ports de mer, de l'amélioration des rivières, de la canalisation et de nos routes de terre, et qui, par conséquent, a plus d'occupations qu'elle ne peut utilement en suivre, s'est encore trouvée investie de la direction de ces constructions. Aussi qu'est-il arrivé? après seize années, depuis l'époque de l'exécution du premier chemin de fer, nous n'avons encore que quelques petites fractions de railways sans portée nationale, et par lesquelles néanmoins des capitaux énormes ont été absorbés!

Une dernière pensée devait résumer notre travail, c'était celle d'un plan général d'ensemble pour nos railways; nous comprenions trop bien toute l'importance d'un pareil projet pour nous être proposé autre chose, avec le petit nombre de documents dont nous disposons, que de faire connaître l'esprit dans lequel il nous paraît que ce plan d'ensemble devrait être arrêté : aussi avons-nous reconnu tout d'abord qu'il était urgent d'accueillir ce qui existait déjà, bien ou mal, comme portion d'un système général à créer. Cette détermination nous a engagé à reproduire, très-succinctement, il est vrai, une analyse des points caractéristiques des premiers chemins de fer exécutés, de ceux en cours d'exécution et de ceux qui ont été concédés.

Dans l'ensemble général que nous avons tracé, nous avons été guidé par une pensée dominante, celle d'arriver le plus prochainement possible à réaliser une première grande ligne en rapport avec les grands intérêts du pays : les points principaux de cette ligne sont fixés par leur importance même; les localités intermédiaires restent seules à déterminer par un travail spécial. Nous avons la conviction que si une première grande ligne était terminée, elle aurait la plus heureuse influence pour amener l'entreprise d'autres lignes ; mais que, dans tous les cas, ce serait compromettre le succès des chemins de fer que de commencer simultanément plusieurs grandes lignes, surtout dans des directions où elles pourraient exercer une espèce de concurrence l'une sur l'autre. C'est à cette pensée que nous devons d'avoir écarté, pour le présent, la possibilité de considérer les chemins de Saint-Germain et de Versailles comme têtes de lignes, puisque d'un côté la ligne de Paris à la mer est concédée par les plateaux, et que de l'autre la ligne de Paris à la Loire, par conséquent de Tours et Bordeaux, est concédée à la compagnie d'Orléans avec une arrivée sur Paris entièrement distincte.

Nous avons une conviction profonde du bien que les chemins de fer peuvent réaliser pour notre patrie; mais nous avons aussi une conviction égale que rien ne peut être plus fatal à leur réussite que la concurrence dans un but d'exploitation; puisse donc notre travail communiquer cette persuasion et amener une judicieuse application de l'appui que l'État doit savoir donner, mais avec discernement, à ces créations nouvelles !

Dans le cours de cet ouvrage on trouvera fréquemment l'emploi de mesures anglaises que généralement nous avons transformées en mesures françaises; quelquefois cependant elles ne le sont pas parce qu'elles servent d'unité usuelle dans le sujet que nous traitons et que la plus grande partie des faits sur lesquels nous nous appuyons est empruntée aux expériences tentées ou réalisées en Angleterre.

Nous transcrivons donc ici un tableau de conversion des mesures anglaises qui pourra servir à la vérification de nos calculs.

Pouce ($\frac{1}{12}$ de pied). . . . . 0^m,02539
Pied. 0, 30479
Mille (5280 pieds). 1609, 3149

Livre (avoir du poids). . . . . 0^{kil},45344
Tonne (2240 liv.).. . . . . , ... 1,008

EXAMEN COMPARATIF

DE LA QUESTION

DES CHEMINS DE FER

EN 1839.

PREMIÈRE PARTIE.

DE LA CONSTRUCTION DES RAILWAYS; DE LA PUISSANCE MOTRICE; DU FROTTEMENT, OU DE LA RÉSISTANCE PASSIVE DES MACHINES.

CONSTRUCTION DES RAILWAYS.

Il n'y a pas encore un an que l'enthousiasme du public pour les railways était à son comble; les résultats merveilleux obtenus en Amérique au moyen de ces voies nouvelles laissaient entrevoir ce qu'on devait en attendre dans notre vieille Europe. Les capitaux ne manquaient pas alors, et on se disputait en quelque sorte le droit de sous-

crire à l'avance sur la simple présentation de projets
à peine élaborés. Enfin l'esprit de spéculation
s'était emparé de cette question neuve et l'exploitait
avantageusement.

Aujourd'hui les choses ont beaucoup changé :
les chemins de fer ont considérablement perdu de
leur première faveur, et ces valeurs industrielles
sont peu recherchées.

En Angleterre même cette espèce de défaveur
ou plutôt l'affaiblissement de l'ardeur des capitalistes pour les entreprises des chemins de fer se
fait aussi ressentir ; toutefois les railways ont déjà
pris parmi les grands perfectionnements du siècle,
le rang que leur assigne leur remarquable aptitude
à contribuer puissamment au bien-être public et
à seconder d'une manière si admirable, surtout,
les besoins du commerce. Aussi, ce changement
momentané de l'opinion publique n'empêche-
t-il pas de poursuivre assidûment l'œuvre gigan-
tesque et nationale de substituer les railways aux
grandes routes de l'État en rattachant tous les
centres industriels de l'empire entre eux, et ces
derniers aux principaux ports d'exportation. Peu
d'années encore, et la Grande-Bretagne jouira
des immenses avantages de tout cet ensemble
auquel elle devra le renouvellement complet de
sa puissance reproductive et commerciale, si

étroitement liée aux intérêts de son monopole.

En France, au contraire, la confiance publique semble avoir retiré entièrement son puissant appui à cette industrie avant même qu'on ait pu constater par la pratique, sur une grande échelle, les résultats les plus importants qu'on est en droit d'attendre de ces voies nouvelles. Nous n'avons encore, en effet, des chemins de fer que pour de petits parcours, sur lesquels, par conséquent, l'économie du temps ne peut être appréciée aussi bien que s'il s'agissait, par exemple, de réaliser le trajet de Paris au Havre, qui exige, même par les moyens ordinaires les plus accélérés, vingt heures, et qu'on pourrait effectuer par les railways en moins de cinq à six heures; ou de la distance du Havre à Marseille que le voyageur ne peut franchir en moins de quatre-vingt-cinq heures, en employant la malle-poste, au lieu que sur les railways le trajet serait de vingt-quatre à vingt-six heures.

Il nous importe de rechercher quelles peuvent être les causes d'une pareille modification dans l'opinion publique; ce qui peut avoir amené un refroidissement aussi marqué chez le public anglais que chez nous, mais qui, en France, s'est changé en une défiance dont l'effet est de suspendre ces grandes entreprises. Assurément on ne peut en rejeter la cause sur l'absence d'intérêt général porté à la réalisation des chemins de fer; dans la Grande-Bretagne, c'est à ce même intérêt qu'on doit l'exécution des quelques grandes lignes qui ont amené des résultats presque fabuleux; en France, si rien de comparable n'a été accompli, les mêmes vœux n'en existent pas moins réellement et profondément dans la population; elle le témoigne tous les jours en signalant les torts réels faits au développement de nos ressources nationales, par la persévérance de nos habitudes dans nos anciennes et imparfaites voies de transport et de communication. Il ne peut pas être attribué, avec plus de raison, à ce que les résultats des chemins de fer auraient trompé les espérances anticipées, à leur manque de succès, ou à aucuns faits qui puissent compromettre l'utilité de ces entreprises. Partout, au contraire, on a constaté leur utilité et leurs avantages; sous nos yeux mêmes, aux portes de la capitale, nous venons tout denièrement encore d'en recueillir une nouvelle preuve. Dans le compte-rendu de la compagnie du chemin de fer de Paris à Saint-Germain, sur les résultats de son exploitation dans le cours de l'année 1838, nous voyons que cette compagnie a transporté, sans aucune difficulté, sans aucuns graves accidents, plus d'un million de voyageurs, et qu'elle aurait pu en transporter quatre fois autant sans augmentation de dépenses et avec la même facilité; qu'enfin elle a pu payer un intérèt de 10 0/0 sur la valeur primitive des actions.

Diverses causes, nous devons le reconnaître, ont concouru à produire le découragement public dont nous nous plaignons, et parmi elles nous rangerons les dépenses énormes de premier établissement des railways, l'incertitude de son chiffre même et de celui des dépenses totales, les doutes sur la possibilité de continuer des travaux aussi dispendieux, et les doutes non moins fondés sur la possibilité que de pareilles entreprises produisent même l'intérèt légal des capitaux engagés. Ajoutons à toutes ces causes l'influence non moins puissante que doit avoir eue l'évidence du sordide agiotage qui a si malheureusement présidé à la formation de presque toutes nos entreprises industrielles dans ces derniers temps.

Nous nous attacherons particulièrement à expliquer dans ce qui suit la raison technique, celle qui a rapport à la construction des railways, comme étant la plus intéressante de toutes à connaître. Nous analyserons à cet effet, successivement, tous les points principaux de ces constructions sur lesquels les ingénieurs diffèrent encore, ce qui, suivant nous, n'a pas peu contribué à l'incertitude dc l'opinion publique dans la question des chemins de fer. Enfin, nous nous proposons de donner au lecteur, aussi succinctement que cette matière peut le permettre, les détails les plus intéressants et les résultats les plus récents de l'expérience sur la puissance, les effets, la dépense des locomotives employées comme moteurs sur les railways; par ce moyen, le public se trouvera en possession de tous les éléments nécessaires pour asseoir son opinion lorsque l'importante question des chemins de fer sera de nouveau reproduite.

L'établissement d'un railway comporte deux grandes divisions d'opérations distinctes : celles qui ont rapport à la construction même du chemin, et celles qui se rattachent directement à son exploitation.

La première division se subdivise en trois départements :

1° Celui des travaux de terrassement;

2° Celui dés travaux d'art; tels que ponts, viaducs, aqueducs, etc.;

3° Celui des travaux de la superstructure comportant la pose des rails, etc.

La seconde division se subdivise en deux principaux départements, savoir :

4° L'établissement des gares de départ, d'arrivée et des stations;

5₀ La composition du matériel d'exploitation ,
et l'établissement des ateliers d'entretien et de réparation.   Ce dernier département comporte ordinairement deux branches ou subdivisions : l'une
destinée spécialement aux machines , l'autre aux
voitures.

C'est surtout dans le mode d'exécution adopté
pour les travaux de la première classification que
se trouvent les causes des plus grandes dépenses
de premier établissement : ces travaux sont en
effet susceptibles de recevoir des modifications
plus ou moins grandes , suivant l'expérience pratique de l'ingénieur chargé de leur exécution et
suivant aussi les restrictions onéreuses qui peuvent être imposées , soit par les difficultés de la
localité , soit par les exigences exagérées des populations , soit enfin , comme cela se pratique en
France , par l'intervention outrée d'une administration supérieure qui veut tout prévoir, tout diriger, directement ou indirectement.

Nous entrerons maintenant en matière par
l'analyse des points principaux de construction sur
lesquels les ingénieurs diffèrent encore essentiellement, et qui constituent cependant les bases fon-
damentales des grandes dépenses de l'établissement
des railways , et nous offrirons au fur et à mesure
les observations que l'expérience suggère.

Largeur de voie.

Un chemin de fer ou *railway* se compose ordinairement de deux lignes parallèles de barreaux de fer d'environ 64 *millimètres* de largeur et placés à un écartement égal à la distance comprise entre les deux roues de la voiture destinée à y circuler. Cet écartement qu'en français on nomme *voie* et que les Anglais rendent par l'expression technique *guage*, est devenu un sujet sérieux de controverse parmi les ingénieurs ; jusqu'ici on n'est point parvenu à fixer quelle devait être la meilleure proportion à lui donner pour qu'il fût aussi favorable que possible à cette rapidité de transport qu'on est en droit d'attendre de la vapeur employée comme moteur. On conçoit en effet toute l'importance que la proportion plus ou moins grande de l'écartement de la voie doit avoir sur la stabilité du chemin comme surface roulante, sur le mouvement des convois, sur la détérioration des parties exposées à l'action du frottement, sur l'ensemble, enfin, de tous les frais d'entretien que comportent ces sortes de construction.

La plupart des railways anglais ont encore aujourd'hui un mètre quarante-quatre centimètres (1ᵐ 44) de *guage*, la même largeur adoptée sur les railways du Nord, servant à l'exploitation des houillères, lors de la première introduction des machines locomotives comme force motrice. Cependant, quelques-uns des premiers railways de l'Écosse n'ont eu qu'un mètre trente-sept centimètres (1ᵐ 37) de *guage;* mais on a adopté depuis pour les principaux railways de ce pays 1ᵐ 68 de *guage.*

En Angleterre on a donné au railway des comtés de l'est, de Londres à Warwich, un *guage* de un mètre cinquante deux centimètres (1ᵐ 52). Le railway du Great-Western, de Londres à Bristol, construit sous la direction de M. I.-K. Brunel, a reçu un *guage* de deux mètres treize centimètres (2ᵐ 13).

En Russie, le railway de Saint-Pétersbourg à Zarskoé-Selo et Pawlowsk, construit sous la direction de M. F.-A. Gerstner, a reçu un *guage* de un mètre quatre-vingt-trois centimètres (1ᵐ 83).

En France, l'administration supérieure des ponts et chaussées a fixé pour la largeur de voie des chemins de fer un mètre quarante-quatre centimètres (1ᵐ 44), la même largeur que le *guage* des anciens railways anglais.

En Belgique, on a adopté la même dimension de *guage* pour les chemins de fer de l'État.

D'après ce qui précède, on voit que rien n'est moins déterminé que la largeur de voie la mieux adaptée au but proposé, vitesse et solidité ; et nous devons regretter que cette partie si importante de la construction des railways ne soit pas devenue chez nous un sujet d'enquête et d'expériences spéciales.

Aucune des expériences faites sur le railway du Great-Western, chemin à grande largeur de voie ainsi que nous venons de le voir, n'ont eu jusqu'ici les résultats qu'en attendait son auteur ; le mérite des innovations introduites sur ce chemin demande donc encore à être prouvé pour servir de règle à l'avenir. Néanmoins, pour notre part, nous sommes dès aujourd'hui disposé à reconnaître que la position hardie prise par M. Brunel, en osant sortir aussi franchement de la voie de la routine, en adoptant pour la construction de son chemin des dimensions si différentes de celles qu'avaient suivies ses devanciers, lui donne des titres réels à l'estime publique, puisqu'il aura ainsi montré d'une manière pratique le champ des perfectionnements possibles.

Nous nous rangeons donc à l'opinion que le *guage* de 1ᵐ 44 est trop étroit pour fournir tout l'espace voulu pour l'emplacement de la machine et de ses rouages ; qu'il serait peut-être avantageux de prendre, pour l'écartement des rails, la largeur actuelle du cadre des voitures, afin de rejeter en dehors l'appui des roues, ce qui faciliterait d'autant la possibilité de rapprocher le fond des voitures du niveau des rails ; que cette largeur permettrait l'emploi de roues plus grandes, diminuerait ainsi l'effet du frottement, et obvierait au grave inconvénient de l'oscillation actuelle des voitures en abaissant le centre de gravité, améliorations qui, ensemble, réduiraient de beaucoup les causes de détérioration et de fracture du matériel ainsi que des voies elles-mêmes. Tous ces avantages contribueraient évidemment à diminuer comparativement les frais de premier établissement.

(1) La commission instituée par le gouvernement de la Grande-Bretagne pour l'établissement d'un système de railways en Irlande, s'appuie sur les considérations précédentes pour recommander

(1) La commission des chemins de fer en Irlande était composée du sous-secrétaire d'État d'Irlande M. Thomas Drummond, de sir John Fox Burgoyne, major-général, président du bureau des travaux publics d'Irlande ; de M. Peter Barlow, mathématicien célèbre, professeur à l'école royale de Woolwich ; du célèbre ingénieur Richard Griffith ; elle avait pour secrétaire M. le major du génie Hary David Jones, qui a rendu compte du travail important de la commission dans un mémoire aussi remarquable qu'intéressant par les nombreux renseignements qu'il renferme. Ce mémoire a été publié par ordre du parlement, en 1838.

une largeur de voie d'un mètre quatre-vingt-huit centimètres (1^m 88).

Détermination du nombre de voies.

Les deux lignes de barreaux de fer dont se compose, ainsi que nous l'avons dit, un chemin de fer ou railway, forment ensemble ce qu'on appelle en anglais *way, chemin, voie*, d'où vient le nom de railway que nous avons assez généralement adopté comme exprimant l'ensemble de construction qui constitue ces voies nouvelles.

Le nombre de voies est déterminé par l'importance du mouvement; ainsi, sur une ligne de grand trafic, deux voies sont nécessaires pour que les voitures, marchant dans des directions différentes, puissent circuler sur leur voie respective. Aux stations où viennent se terminer des lignes principales, on établit ordinairement de trois à six voies et souvent même davantage, suivant les besoins du service. Sur des lignes de grand trafic, on est souvent contraint d'établir, sur certains points du parcours, plusieurs voies. Lorsque le trafic n'est pas très-considérable, une seule voie peut alors suffire jusqu'à ce que le besoin d'une seconde voie se fasse sentir; seulement, pour faciliter

le service dans les deux directions et pour prévenir toute cause d'accidents par la rencontre de
convois marchant dans des directions opposées,
on établit ordinairement une suite de gares à de
longs intervalles.   Ce dernier cas est celui dans lequel s'est trouvé le chemin de Montpellier à Cette,
qui vient d'être établi à une voie sur son développement total qui est de 28,500 mètres, mais
fourni de sept gares d'évitement.   Dans les circonstances actuelles, ce chemin satisfait bien aux exigences du mouvement existant entre Montpellier
et Cette, et pourra continuer ainsi tant qu'il n'aura
que Montpellier à desservir; mais du jour où on aura
décidé la construction du railway de Montpellier
à Nîmes, et qu'on aura ainsi, de fait, établi une
ligne non interrompue de railways entre le Rhône
et le débouché du canal du Midi, entre Beaucaire
et Cette, par l'intermédiaire du chemin d'Alais,
dont la partie comprise entre Nîmes et Beaucaire
doit être prochainement livrée au public ; de ce
jour, l'établissement d'une seconde voie sur le
railway de Montpellier à Cette devient indispensable, car, alors, ce ne sont plus les besoins d'une
seule ville qu'on aura à desservir ; c'est tout le
mouvement de la vallée du Rhône.

Superstructure.

On désigne généralement par le mot *superstruc-ture*, expression empruntée aux Allemands, le système des travaux au moyen duquel le lit du chemin est égoutté, consolidé, et les rails posés de manière à former une base parfaitement ferme, unie et homogène, sur laquelle les voitures puissent se mouvoir sans occasionner la moindre dépression.

Les ingénieurs ne sont point encore d'accord sur le meilleur système à suivre pour l'établissement de la superstructure, et cette question est jusqu'ici le sujet de sérieuses dissidences. Cependant l'expérience fait admettre, presque en principe général, qu'un des premiers soins à apporter pour la consolidation de la superstructure, c'est d'égoutter parfaitement le lit même du chemin au moyen de fossés latéraux et d'un système de rigoles disposées longitudinalement et obliquement à son axe; qu'on doit soigneusement éviter de laisser l'argile entrer dans le massif de la superstructure, à la composition duquel le sable et le gravier fin doivent seuls contribuer; que le bois est encore la meilleure base d'appui pour les rails, soit qu'on l'emploie longitudinalement ou transversalement; qu'enfin les rails, quelle que soit d'ailleurs la forme qu'on leur donne, doivent toujours avoir assez de poids pour que, sur un espacement voulu des points d'appui ou de support, ils s'opposent, par leur masse même, aux vibrations qui tendent à s'établir sous la pression d'une charge double de celle qui repose sur une des roues motrices; ce qui revient à dire, en d'autres termes, que les rails doivent avoir un poids d'au moins vingt-six kilogrammes, pour les écartements de points d'appui, de 0^m 91, afin de résister à une pression de sept tonnes.

Limite et répartition des pentes.

La répartition des pentes et le *maximum* d'inclinaison qu'on doit adopter dans la rédaction finale d'un projet de chemin de fer, est un sujet de la plus haute importance sur le mérite pratique d'un railway et sur ses dépenses de premier établissement; ce sujet n'est point susceptible d'une solution absolue, il ne peut en recevoir qu'une relative qui réclame toutes les connaissances théoriques et pratiques de la science de l'ingénieur.

Sur une ligne sur laquelle les transports se composent seulement de voyageurs, ou principalement de voyageurs et de marchandises, on doit s'attacher à obtenir un tracé adapté au service des locomotives, c'est-à-dire que les pentes doivent être telles qu'une locomotive puisse les parcourir avec un convoi de voitures ou de marchandises, sans l'aide ou avec l'aide d'une force supplémentaire, sur les pentes les plus fortes ; lorsque, au contraire, les transports doivent en grande partie se composer de marchandises d'un poids inerte, telles que des charbons, des minerais, des farines, des produits qui souvent ne suivent qu'une seule direction sans retour équivalent, l'économie des frais de transport devant, dans ce cas, l'emporter sur les exigences de vitesse, on peut adopter avec avantage l'usage des plans automoteurs, c'est-à-dire employer la gravité des convois descendant pour faire remonter les convois à vide. Cette manœuvre s'exécute ordinairement au moyen d'un câble sans fin, passé sur un tambour à la tête et au pied du plan incliné. Sur de semblables tracés, on peut aussi, pour les intervalles qui séparent les plans inclinés, se servir à volonté de la force animale ou de la force mécanique comme moteur.

Il existe cependant des cas où, sur la première description de tracé donnée plus haut, on peut, sans inconvénients et avec économie, employer les plans inclinés ; c'est généralement aux points de départ et d'arrivée, puisque alors on ne peut leur reprocher d'être un obstacle à la continuité du service. Les railways des États-Unis, de l'Angleterre et de la Belgique, fournissent de nombreux exemples où ces moyens ont été heureusement appliqués. Ainsi les villes de Philadelphie, Columbia, Chambersburg, dans l'État de Pennsylvanie; Liverpool, Londres, en Angleterre; Liége, en Belgique, présentent chacune des localités où les plans inclinés se sont parfaitement adaptés à toutes les convenances du service et des besoins des stations.

Dans le cas des chemins de fer de Versailles, il nous paraît qu'on eût pu arriver sur Versailles par un plan incliné, et par suite, adopter une répartition des pentes différente de celles imposées, modifications qui eût indubitablement produit une grande économie dans les dépenses de premier établissement.

Il existe encore une tâche non moins délicate que difficile à remplir par l'ingénieur chargé des études d'un chemin de fer, c'est celle de déterminer à l'avance les principes sur lesquels un tracé doit être fixé pour répondre aux exigences d'avenir, d'une ligne appelée à être un tronc principal par l'importance du mouvement qu'elle doit desservir.

Les études du projet de chemin de fer de Montpellier à Nîmes ont présenté un exemple du cas précité; l'exécution de ce chemin doit contribuer à la création d'une ligne de railways du littoral de la Méditerranée appelée à ouvrir une communication des plus actives entre le Rhône, Cette, Agde, Béziers et Toulouse; entre le Rhône, la Méditerranée et l'Atlantique; dès lors, on peut prévoir l'avenir de cette ligne et le rôle important qu'elle doit remplir dans les communications nationales du pays.

Nous en avons dit assez sur l'influence directe que doit avoir la détermination d'un tracé, sur les dépenses premières d'établissement et sur l'avenir de ce genre d'entreprises, pour que l'on comprenne que la solution de ce problème doit exercer et exige toute la science de l'ingénieur; puisque les alignements, les courbes, les pentes doivent être calculés de manière à satisfaire à la fois aux économies de construction et à celles d'exploitation. Il est donc indispensable que l'ingénieur chargé de résoudre cette question ait une connaissance complète de toutes les ressources de son art, ait recueilli lui-même toutes les données topographiques qui peuvent influer sur le tracé, enfin qu'il soit intimement pénétré du but financier de l'entreprise qui lui est confiée.

Il ne paraîtra pas hors de propos, après l'énumération que nous venons de présenter des difficultés de la limitation et répartition des pentes à cause de leur influence sur les dépenses de construction et celles d'exploitation, d'entrer ici dans un examen détaillé des restrictions imposées par l'administration des ponts-et-chaussées.

Examen du cahier des charges imposé aux compagnies.

L'établissement d'un chemin de fer est soumis à des dispositions d'art, d'administration et de police, réglées à l'avance par un cahier des charges, qui prescrit minutieusement les clauses auxquelles doit se soumettre toute compagnie qui s'engage à en exécuter les travaux à ses risques et périls.

La rédaction du cahier des charges est faite par l'administration supérieure des ponts-et-chaussées, qui toutefois admet le soumissionnaire à en débattre certaines bases.

Le cahier des charges doit être accepté par le soumissionnaire avant la présentation de la loi en demande de concession aux chambres.

Nous devons faire observer que la rédaction du

cahier des charges est généralement arrêtée sur un avant-projet, qui suffit pour autoriser la demande en concession ; que rarement l'auteur d'un avant-projet a pu donner à ses études tout le temps que réclame l'importance du sujet ; en conséquence, le soumissionnaire lui-même n'a qu'une idée très-imparfaite des difficultés techniques à surmonter, et dès lors n'a pu apprécier les conditions pratiques auxquelles son entreprise doit satisfaire, pour qu'il existe de justes proportions entre les frais de premier établissement et les revenus éventuels ; qu'enfin, et d'après cet état de choses, le soumissionnaire n'est pas en position pour discuter avantageusement toutes les clauses onéreuses que l'administration supérieure est toujours disposée à imposer à toute entreprise tendant à lui enlever une partie de ses prérogatives.

L'examen que nous allons faire des principaux articles du cahier des charges, disposant et réglant à l'avance l'exécution des chemins de fer, prouvera la vérité de ce que nous avançons, et donnerait presque à supposer que l'administration ne s'est interposée dans les entreprises des railways que pour faire obstacle au principe de l'émancipation de l'industrie privée.

La rédaction d'un cahier des charges est presque la même pour tous les chemins de fer, sauf quelques modifications commandées par les différences de localité.

L'article Ier, fixe le délai dans lequel la construction d'un railway doit être achevée.

L'article 2, généralement consacré à la description du tracé, en fixe les grands alignements, les points de départ et d'arrivée, leurs hauteurs respectives, enfin le taux *maximum* des pentes.

L'article 3, admet des modifications aux clauses de l'article 2, sans toutefois permettre qu'on s'écarte du tracé général, ni qu'on excède le *maximum* des pentes indiquées ; du reste, ces modifications doivent recevoir l'approbation de l'administration supérieure.

D'après ce que nous avons dit plus haut sur l'effet des pentes, on conçoit combien il était inopportun de régler à l'avance, d'une manière définie, et sur un avant-projet seulement, le taux des pentes.

Chemins de fer de Paris à Versailles.

L'examen des deux chemins de fer de Paris à Versailles prouvera plus directement les fâcheux résultats que peut amener la détermination à l'avance du taux des pentes.

L'administration a imposé au chemin de fer de Paris à Versailles, s'embranchant sur le chemin de Saint-Germain, une pente *maximum* de *cinq milli-mètres* (0,^{m} 005) par mètre.

Au chemin de Versailles, rive gauche, elle a imposé une pente *maximum* seulement de quatre millimètres et demi (0^m 0045) par mètre.

Nous demandons, d'abord, sur quoi a pu être basée cette différence de pentes, entre deux che-mins entrepris dans un esprit de rivalité condam-nable et injustifiable, et se trouvant dans des con-ditions semblables quant à leur destination ?

Ensuite nous demanderons à l'administration si, avant de fixer le *maximum* de pentes pour ces deux chemins, elle s'était bien rendu compte de ce qu'elle exigeait de ces compagnies ? Nous devons reconnaître que nous sommes porté à supposer qu'elle n'a point fait de recherches sur ce sujet, car alors son devoir eût été d'éclairer les rivalités en présence, par un devis estimatif, basé sur les clauses onéreuses imposées, et dont le chiffre eût été, si non parfaitement exact, du moins plus rap-proché de la vérité que celui du capital sur lequel on a permis aux deux compagnies de se constituer.

Nous ajouterons que, lorsque les chambres eurent commis l'énorme faute de permettre deux chemins de fer de Paris à Versailles, il restait encore à l'administration un rôle d'impartialité à remplir, afin de laisser aux compagnies les moyens d'améliorer leurs positions respectives, qui après tout étaient de leur choix.

Mais nous savons que le contraire est arrivé, et que, dans le cas du chemin de la rive gauche, lorsque cette compagnie a demandé qu'il lui fût permis d'admettre, sur une partie du chemin, la pente de 4 1/8 de millimètre par mètre, cette modification lui a été refusée.

Il nous reste à consigner les dépenses faites jusqu'ici, dans l'exécution de ces deux chemins.

Le chemin de fer de Paris à Versailles, rive droite, a une longueur totale de 23,000 mètres, cinq lieues trois quarts.

L'estimation première portait les dépenses d'exécution à 4 millions fr.; elles s'élèvent déjà à 11 millions, y compris la traversée souterraine de Saint-Cloud; en mars 1839, un nouvel emprunt de 4 millions a été réalisé : le chiffre total des dépenses s'élèvera donc à 15 millions.

Le chemin de Paris à Versailles, rive gauche, a
une longueur totale de 16,888 mètres, moins de
quatre lieues un quart.

Il a été commencé sur les prévisions d'une dépense qui ne devait pas dépasser 8 millions : le
capital social fut porté néanmoins à 10 millions.
La compagnie a déjà dépensé 8 millions, et elle
annonce que le chemin ne coûtera pas moins de
15 millions, pour être achevé de la barrière du
Maine au champ des manœuvres dans Versailles.

Ainsi, lorsque ces deux chemins seront achevés,
l'administration aura été cause d'une dépense de
30 millions, pour la réalisation d'un parcours direct par railway de quatre lieues un quart seulement, puisque telle est la distance du chemin de
la rive gauche; autant, à peu près, que devrait
coûter l'établissement d'un railway de Paris à Orléans, unissant le bassin de la Seine au bassin de
la Loire !

Ce seul fait résume, suivant nous, toutes les
justes causes de blâme déversées sur l'indécision
du gouvernement dans l'affaire des chemins de fer
de Versailles, et sur l'intervention peu judicieuse
de l'administration des ponts et-chaussées.

Chemin de fer de Paris à la mer par les plateaux et chemin de fer d'Orléans.

Quelque avantageuse que soit une pente réduite et uniforme, au parcours des locomotives, elle n'est cependant pas indispensable à la bonne exploitation d'un chemin, et nous ne concevons pas qu'on puisse l'imposer aux compagnies, avant qu'elles aient eu le temps de vérifier si, pour l'obtenir, elles n'étaient pas entraînées dans de trop grands sacrifices ; car ce n'est, ainsi que nous l'avons déjà dit, que sur l'ensemble des dépenses de construction, auxquelles entraîne une certaine graduation des pentes, comparativement au but du chemin et par conséquent à ses frais d'exploitation, qu'on peut, avec connaissance de choses, fixer le taux de ces pentes.

Or, dans le cahier des charges, pour l'établissement d'un chemin de fer de Paris à Rouen, au Havre et à Dieppe, avec embranchement sur Elbeuf et Louviers, le maximum des pentes et rampes ne doit point excéder trois millimètres et demi (0^m 0035) par mètre, tant pour la ligne principale que pour les embranchements. Toutefois, entre Bolbec et le Havre, la pente de cinq millimètres (0^m 005) par mètre pourra être admise.

Nous avons soigneusement examiné le projet rédigé pour le compte du gouvernement par M. Defontaine, et que la compagnie des plateaux s'est engagée à suivre, et nous restons convaincu que, si on n'apporte pas de fortes modifications à ce tracé, à la répartition des pentes adoptées, aux dispositions d'art et aux autres clauses onéreuses imposées par le cahier des charges, le capital de 90 millions, sur lequel cette compagnie s'est constituée, sera dépassé du double. Du moins, telles sont les conclusions auxquelles nous sommes arrivés après avoir étudié les renseignements fournis dans le mémoire imprimé par ordre du ministère des travaux publics. Nous avons surtout remarqué, dans le devis estimatif, une différence très grande entre les prix qui lui ont servi de base et ceux que la pratique a reconnus.

Nous retrouvons dans le cahier des charges pour le chemin de fer de Paris à Orléans, la même application par l'administration supérieure de la pente qu'elle considère comme la plus favorable au parcours des locomotives; elle fixe encore *à priori* pour ce chemin le taux *maximum* de *trois millimètres* ($0^m,003$) par mètre. Nous avons peine, nous l'avouons, à nous rendre compte de cette espèce de partis pris dont elle s'écarte aussi rarement que possible, quelles que soient d'ailleurs les considérations d'exécution possible, c'est-à-dire, le juste rapport qui doit exister entre les produits et les dépenses.

La compagnie du chemin de fer de Paris à Orléans s'est constituée sur un capital social de 40 millions, nonobstant le chiffre des dépenses fixé par l'administration des ponts-et-chaussées à 23 millions. Nous approuvons cette sage prévision, car nous doutons encore qu'avec la série des clauses onéreuses qui entravent cette entreprise, ce chiffre ne soit pas dépassé; au contraire, nous le considérerions comme très fort, si on laissait plus de liberté dans les dispositions du tracé.

Jusqu'ici nous n'avons examiné que les articles du cahier des charges, qui ont rapport à la disposition du tracé et aux taux des pentes, et pour mieux faire ressortir l'influence fâcheuse qu'elles exercent sur l'industrie des chemins de fer, nous avons cité quelques exemples particuliers. Nous continuerons notre investigation du cahier des charges, en nous attachant seulement aux articles qui nous paraissent demander une modification plus immédiate, sans allusion à aucun cas particulier.

L'article 5 fixe la largeur de la voie, et par suite, celle du chemin de fer dans les parties en levées et dans les tranchées.

L'uniformité de largeur de voie pour tous les chemins de fer de la France, qu'ils soient exécutés par l'industrie privée ou par l'État, est une condition sur l'importance de laquelle il ne s'élève aucune contestation , car il est de première urgence dans l'avenir de ces voies nouvelles, que les locomotives de même modèle et de mêmes dimensions puissent circuler sur tout leur développement. Il convenait donc, avant de fixer d'une manière définitive le module ou la largeur absolue de voie, de faire des expériences sur la meilleure proportion à adopter. Nous en avons déjà suffisamment fait ressortir la nécessité lorsqu'on parlait de l'établissement des railways : nous avons traité cette matière sous le titre spécial de *largeur de voie.*

En présence de ces faits, nous croyons de notre devoir de prémunir les compagnies contre toutes modifications ayant pour but la réduction de largeur du railway lui-même, soit sur les levées, soit dans les tranchées ; notre expérience nous porte au contraire à leur recommander l'adoption d'une largeur suffisante sur les levées, pour recevoir en dehors de l'accotement une légère digue comme clôture, et dans les tranchées plus d'espace pour la circulation des ouvriers cantonniers.

Nous ajouterons aussi que tous ces doutes sur la largeur de voie la plus avantageuse à la locomotion, sont des motifs pour augmenter les dimensions des matériaux servant de bases aux railways ; ainsi, on trouvera des avantages réels à se servir de pièces de bois pour supports plus forts, et des rails d'un poids absolu, plus élevé qu'on n'est en usage de le faire.

L'article 6 prescrit que les alignements devront se rattacher suivant des courbes dont le rayon minimum est fixé à mille mètres (1,000 m.); dans quelques rares exceptions, l'administration tolère des courbes de 800 m. quelquefois même de 700 m.

Cette limite nous paraît beaucoup trop restreinte dans l'intérêt des chemins de fer, sans présenter une garantie équivalente pour la sûreté des voyageurs; car, si d'un côté, les courbes à grands rayons augmentent souvent inutilement le développement des chemins, leur dépense de premier établissement, les travaux de terrassement et les travaux d'art, d'un autre, l'expérience acquise aux États-Unis, en Angleterre et en Belgique, prouve qu'on peut employer sans de graves inconvénients des courbes de 500 et même de 300 m., surtout aux points de départ et d'arrivée.

Cependant nous ne pouvons disconvenir que lors de la comparaison à établir entre divers tracés, sur lesquels les courbes sont différentes, nous manquons de moyens bien exacts d'évaluer numériquement la totalité des résistances de ces différentes courbes comparées à des pentes de différentes inclinaisons, de manière à pouvoir juger

positivement les inconvénients relatifs et équiva-
lents de courbes et de pentes déterminées. C'est
donc un point important, sur lequel les renseignements positifs de l'expérience restent encore à
être obtenus et qui appelle toute l'attention.

M. B. Laignel, ingénieur civil, est auteur d'un
procédé aussi simple qu'ingénieux, au moyen
duquel il est parvenu à substituer des courbes de
rayons extrêmement réduits à celles fixées par l'administration. Le système de M. Laignel aurait l'a-
vantage de diminuer le développement du chemin,
de réduire la dépense de premier établissement et
la dépense annuelle, d'éviter des travaux d'art, de
permettre le parcours facile et sans danger de
toutes les courbes, croisements de voies et gares
d'évitement, et de réduire le développement des
courbes du système actuel en en convertissant une
forte proportion en droite.

Nous avons assisté à quelques unes des expériences faites par M. Laignel, et il nous a paru que
son système présentait de véritables avantages qui
méritaient, dans tous les cas, d'être vérifiés par
une série d'expériences positives et décisives faites
en grand. Espérons que l'administration supérieure des ponts-et-chaussées, qui devrait avoir pour
mission d'éclairer et d'aider l'industrie privée au
lieu de l'entraver par des restrictions mal justifiées,

fera exécuter à ses frais les expériences nécessaires pour achever de nous éclairer sur cet intéressant sujet.

L'article 7 fixe un certain nombre de gares d'évitement, indépendamment des gares ou ports secs destinés tant aux stationnements qu'aux chargements et aux déchargements.

Nous considérons que le nombre de gares généralement imposé sur une ligne déterminée, est beaucoup trop considérable et peut être de beaucoup réduit, sans aucun inconvénient, en augmentant leur espacement. Il nous semble qu'il n'y aurait même point d'inconvénients à les supprimer entièrement sur des lignes où l'importance du trafic nécessite l'établissement de deux voies.

Les articles 8 et 9 ont rapport aux conditions à satisfaire lors du passage d'un chemin de fer, à la rencontre des routes royales, départementales ou vicinales. Ces conditions peuvent recevoir de légères modifications, surtout dans le cas des chemins vicinaux où il est dit que la largeur du passage réservé doit être de cinq mètres (5 ᵐ·): il n'y aurait aucun inconvénient à le réduire à quatre mètres (4 ᵐ·) pour la généralité des chemins vicinaux, en le conservant de cinq mètres (5 ᵐ·) pour ceux classés dans les grandes communications.

L'article 11 a rapport au passage des rivières, cours d'eau ou canaux, et laisse à l'administration le droit de déterminer l'ouverture du débouché et la hauteur sous clé au-dessus des eaux.

Nous concevons parfaitement que l'administration chargée spécialement d'étendre sa protection sur toutes les voies de communication, exerce le droit de prescrire les proportions que doivent avoir les constructions qui peuvent intervenir, avec l'état de ces voies ; mais nous désirerions que ce droit fût exercé après appréciation exacte des données locales et non sur des renseignements pris au grand bureau de la centralisation.

Nous ne pousserons pas plus loin notre investigation de toutes les clauses onéreuses que contient le cahier des charges imposé à toute concession de chemin de fer ; elle suffira, nous n'en doutons pas, pour faire voir combien il est à désirer que la législation nouvelle en matière de chemin de fer, que nous appelons de tous nos vœux, revienne sur les règlements qu'une trop grande précipitation a fait passer inaperçus.

Cette révision est d'autant plus importante et nos chambres sont mises d'autant plus en demeure d'intervenir, que nous déclarons qu'il est de toute impossibilité pour les compagnies organisées sous

l'influence des concessions accordées à la dernière
session, de procéder à l'exécution de leur entreprise, et par conséquent de satisfaire à leurs engagements.

Nous passerons maintenant à l'article dans lequel nous nous proposons de traiter de la puissance
locomotive comme moteur sur les chemins de fer.

DE LA PUISSANCE LOCOMOTIVE
COMME MOTEUR SUR LES CHEMINS DE FER.

—

La vapeur agissant comme moteur sur les chemins de fer au moyen des machines locomotives, est, sans contredit, le principal élément du succès miraculeux que ces voies nouvelles de communication ont eu de nos jours. Il est donc intéressant de pouvoir calculer exactement la force de ce nouvel agent, comme aussi les pertes qu'il est susceptible de recevoir dans son application utile pour traîner un poids déterminé.

Occupons-nous d'abord des différentes causes de résistance qui s'opposent à l'action même du locomoteur.

Trois causes principales de résistance agissent pour diminuer l'effet de l'agent de la force motrice : *la gravité*, *le frottement* et *la force d'inertie de l'atmosphère.* Nous verrons plus tard comment agit et se calcule l'effet de la gravité ; nous commencerons par l'appréciation des effets du frottement.

Frottement.

Par frottement, on désigne la somme des obstacles au mouvement d'une voiture ou plusieurs voitures résultant de la résistance exercée sur la circonférence des roues au moment où elle s'avance sur les rails, et de l'effet de l'attrition sur les essieux par suite de la répartition de la charge.

Or l'expérience prouve que cette résistance, calculée sur une moyenne des roues le plus généralement en usage (car le diamètre des roues influe sur cette question), est aussi exactement que possible $\frac{1}{4}$ de l'expression totale du frottement, ou environ $\frac{1}{1000}$ de la charge ; quant à la moyenne de l'effet d'attrition sur les essieux, elle peut être évaluée à environ $\frac{1}{20}$ de la charge ; mais comme la proportion moyenne du diamètre des roues à celui des essieux (les points d'appui étant en dehors des roues) est de 16 à 1 ; le résultat précédent doit être réduit dans cette proportion, c'est-à-dire que la somme totale moyenne est de $\frac{1}{1000}$ pour la résistance, plus $\frac{1}{320}$ pour l'attrition sur les essieux ; ou ensemble $\frac{1}{260}$ de la charge, ou environ

9 livres anglaises par tonne, dont 2 livres 1/4 ex-
priment la résistance.

Il existe cependant plusieurs circonstances qui
influent différemment et assez sensiblement sur
ces résultats moyens; ce sont celles de la résistance de la boue sur les rails, lorsque la charge
n'occasionne pas de glissement, la force d'attrition
suivant le bon ou mauvais état des essieux ;
état qui peut varier beaucoup suivant la nature
du graissage.   On ne saurait porter trop d'attention à la composition des matières employées pour
le graissage, et nous ne connaissons rien de supérieur à l'huile de pied de bœuf appliquée aux
rouages, et à l'huile de palmier dans le graissage
pour les roues.

Nous venons de dire que la proportion ordinaire
entre le diamètre des roues et celui des essieux
(les points d'appui étant en dehors des roues),
était de 16 à 1; on eût été en droit, d'après la
théorie, de s'attendre qu'en changeant ces proportions on arriverait à des résultats différents ; la
pratique n'a pas cependant confirmé ce principe.
Du moins telle est la conséquence que nous devons tirer des dernières expériences faites par
M. Wood sur cette matière, en se servant de
wagons ordinaires employés au transport de la
houille.   Ces wagons étaient dans un état parfait,

et le **rapport** du diamètre des roues à celui des essieux (les points d'appui étant en dedans), était seulement de 12 à 1; malgré cette proportion, la somme totale du frottement n'a pas été matériellement augmentée. En d'autres termes, M. Wood n'a pas été amené à conclure qu'il y eût un avantage bien marqué à placer le point d'appui des essieux en dehors des roues (et par conséquent à l'intérieur du cadre), au lieu de l'avoir au dedans des roues (et par conséquent en dehors du cadre), en changeant la proportion de 16 à 1 dans celle de 12 à 1.

Ce résultat, tout contraire qu'il est à la théorie, n'en est pas moins remarquable en ce qu'on pourrait en conclure qu'on ne gagnerait rien, ou au moins fort peu de choses à réduire le diamètre des essieux au delà d'une proportion voulue. Nous devons prendre acte de ce fait à cause de son influence directe sur l'importante question à résoudre, de la meilleure proportion à donner à la largeur de la voie, ainsi que sur la disposition relative des roues par rapport au cadre des voitures (soit au dedans, soit au dehors), et par suite, sur les dimensions à donner aux roues. Néanmoins, quoiqu'il résulte de ce qui précède que la réduction du diamètre de l'essieu au delà d'une proportion voulue, n'amène pas une diminution équivalente de frottement; cependant il est incontestable

qu'on peut toujours obtenir des avantages réels
en augmentant le diamètre des roues, si, toutefois, ces avantages ne sont pas achetés trop cher.

Dans l'effet de l'attrition sur les essieux, il était
un point bien important à connaître, c'était la
proportion à donner à la surface de support pour
que le résultat obtenu comme point de support,
tout en atténuant les effets de l'attrition, fût le
plus satisfaisant possible. M. Wood est parvenu, dans ces dernières expériences, à prouver
que la longueur de la surface de support de l'essieu devait être la même à peu près que son diamètre. Or, jusqu'ici une opinion assez généralement accréditée parmi les praticiens et même par
quelques hommes de science, était que moins la
surface de support était grande, et moins le frottement était considérable, tandis que l'expérience
démontre que cette surface doit avoir une proportion déterminée par le diamètre des essieux, et que
les rails ainsi que les bandages des roues doivent
aussi avoir une surface de frottement déterminée.

De cette opinion si diamétralement en contra-
diction avec l'expérience, il était résulté de grandes
erreurs dans la construction des railways, car on
avait donné aux essieux, aux bandages des roues
et aux rails, une surface de frottement si étroite
que ces parties se sont usées plus promptement,

et ont occasionné des espèces de rainures sur les jantes qui ont ainsi augmenté considérablement le frottement. On trouve en Belgique un exemple de l'emploi de rails trop étroits; les roues par suite se creusent assez vite, et le frottement a beaucoup augmenté; par suite aussi, on est souvent obligé de réparer les roues et de les remettre sur le tour.

L'effet du frottement latéral sur le tirage d'un convoi, à des vitesses différentes, n'est point encore bien déterminé; il est vrai qu'on est parvenu à en atténuer considérablement les effets en détruisant presque entièrement ce qu'on appelle le mouvement *du lacet*, oscillation des plus fatigantes pour les voyageurs même, et qu'on éprouve ordinairement aux moments de départ ou d'arrivée, ou sur des parties d'un railway en mauvais état de réparation.

La méthode de M. Booth, mais surtout celle de M. Bergin, remplit complètement ce but; elle consiste dans l'emploi de doubles menottes à vis agissant sur des heurtoirs à ressort. Au moyen de cet appareil fort ingénieux, les voitures sont serrées les unes contre les autres par la compression partielle des ressorts des heurtoirs; par suite, la commotion qui est ordinairement ressentie lorsqu'un convoi se met en marche ou s'arrête, est rendue insensible.

Force d'inertie de l'atmosphère.

La résistance qu'oppose la force d'inertie de l'atmosphère à la marche des convois mus à des vitesses différentes, est un effet bien reconnu aujourd'hui, mais qui, pour être déterminé d'une manière précise, demande encore à être soigneusement examiné par une série d'expériences nouvelles. Déjà on a commencé à s'occuper de ce sujet dans quelques expériences récemment faites sur le chemin du Great-Western par M. Wood ; mais on s'est trop hâté d'en déduire des conclusions qu'on désirait établir comme règle dans l'appréciation de la valeur de cette résistance. A ce sujet, M. Wood a cru devoir adresser une rectification des faits avancés sous son nom aux directeurs du chemin du Great-Western. « On ne peut pas, dit-il, déduire des expériences que j'ai faites sur votre chemin, une règle pour apprécier à sa juste valeur la résistance de l'air, car dans les formules dont je me suis servi, j'ai considéré que la résistance de l'air sur des convois était proportionnelle au carré de la vitesse. Or, l'expérience n'a point encore suffisamment prouvé la vérité de cette règle. Les convois se composent ordinairement de voitures de diverse formes, et présentent par conséquent des contours différents, tant sur l'avant que sur les côtés ;

d'ailleurs les circonstances qui influent sur la résistance sont si complexes, que jusqu'à ce qu'on ait répété une série d'expériences plus variées que celles que j'ai pu faire jusqu'ici, on ne peut établir aucune règle un peu satisfaisante pour déterminer l'effet de la résistance de l'air. Pour ces motifs, je ne suis point satisfait des calculs basés sur les formules dont j'ai fait usage pour déterminer les quantités relatives du frottement proprement dit, et la part de résistance provenant de l'air. J'ai l'intention de continuer mes expériences sur des convois composés d'un nombre varié de voitures, comprenant toutes les formes en usage ; et jusqu'à ce qu'elles soient faites, on ne peut arriver à aucune conclusion utile pour la pratique sur la règle à suivre pour fixer la quantité précise de résistance qui revient à l'air. Néanmoins, les expériences dernières sont précieuses en ce qu'elles commencent la série à continuer pour établir cette enquête, et leur utilité est incontestable puisqu'elles confirment jusqu'à un certain point les résultats obtenus par les expériences sur les locomotives, que *la résistance de l'air sur des convois, marchant à de très-grandes vitesses, est beaucoup plus grande qu'on ne l'avait généralement supposé.* »

La vitesse étant la principale recommandation des railways comme moyen de transport pour les voyageurs, on doit s'attendre à ce que, par suite des perfectionnements introduits chaque jour dans toutes les parties des machines locomotives, on arrivera à obtenir une vitesse moyenne, beaucoup plus grande que celle à laquelle on est arrivé jusqu'ici. Si nous nous reportons en effet à l'époque de l'ouverture du chemin de fer de Liverpool à Manchester, le premier sur lequel les transports, au moyen de locomotives, ont été effectués; nous remarquerons que, depuis lors, la vitesse a toujours été croissante: ainsi de 4 lieues qu'elle était alors, elle est arrivée à 7 et 8 lieues à l'heure pour les trajets ordinaires, et souvent elle est poussée à 12 et 13 lieues. Sur le chemin de Birmingham, elle est de 8 lieues à l'heure, y compris les temps d'arrêt. En Belgique, la vitesse moyenne, y compris le temps perdu aux stations, est de 6 lieues 1/2 par heure seulement.

Ainsi, en supposant même qu'on ne parvînt pas à obtenir dans la pratique des perfectionnements tels que les railways présentassent des surfaces plus unies et plus uniformes à la marche des machines, et que l'effet de l'attrition sur les essieux fût considérablement réduit, on doit s'attendre à ce que l'effet du frottement latéral sera presque nul, que les progrès dans la fabrication des machines apporteront une meilleure proportion dans les parties dont se composent les rouages et augr menteront ainsi la puissance des machines sans ajouter à leur poids, et qu'en résultat final on sera à même d'obtenir une plus grande vitesse que celle dont on dispose déjà. Dès lors nous verrons le public ne plus se contenter de voyager à raison d'une vitesse de 7 à 8 lieues à l'heure, lorsqu'il pourra, avec autant de facilité, parcourir de 12 à 13 lieues à l'heure, sur un tracé accidenté et y compris les pertes de temps aux stations, ou même de 15 à 16 lieues par heure sur un tracé plus horizontal.

Nous venons de parler de la force motrice, nous nous occuperons de l'agent moteur lui-même, et ferons voir comment cette machine exerce sa force.

De l'adhérence ; mesure de ses effets.

Une machine locomotive effectue son mouvement au moyen de l'adhérence de ses roues sur les rails : cette force d'adhérence varie avec le poids de la machine, l'état de l'atmosphère et celui des rails. Dans des circonstances ordinaires, cette force est généralement évaluée à $\frac{1}{11}$ du poids de cette portion de la machine qui repose sur les roues motrices mises directement ou indirectement en mouvement. La force d'adhérence est à son maximun par un temps très sec ou au contraire très humide, la surface des rails étant alors e le-même parfaitement sèche, ou, dans le cas contraire, mouillée, ce qui éloigne également l'interposition de corps étrangers.   Les temps favorables à la for mation de la boue ou à la création du verglas di-minuent cette force, car alors la boue ou le verglas s'interposant entre les surfaces des bandages des roues et celles des rails, produit le même effet que l'huile qu'on emploie pour diminuer l'action du frottement ou de l'attrition des parties.

Nous avons vu, en hiver, des machines dont les roues tournaient sans pouvoir avancer, à cause de l'épaisseur du verglas, qui s'était formé sur les rails.   Du reste, on obvie facilement à cet incon-vénient, en plaçant dans chaque train, en avant de la locomotive, un wagon pesamment chargé, mon-té sur des roues d'un très-petit diamètre.   L'ac-tion de ces roues brise complètement le verglas, et la marche de la machine se fait aussi facilement qu'à l'ordinaire.

Quelquefois c'est la neige qui vient faire obs-tacle à la marche des machines, en recouvrant en-tièrement la surface des rails.   Pour enlever cet obstacle on emploie un grand triangle en bois, qui est poussé devant une machine que l'on fait avan-cer lentement; par ce moyen, la neige est divisée et rejetée sur les côtés.

Il existe encore un cas où les roues d'une loco-motive peuvent glisser sans avancer : c'est lorsque le chargement est d'un poids plus grand que la force d'adhérence ; ce glissage a lieu alors dans le même rapport de l'excès du chargement sur la force d'adhérence.

Le chargement qu'une forte machine ordinaire peut toujours tirer sur un palier horizontal , correspondant à la force d'adhérence du poids d'une tonne sur les roues conductrices, isolées ou accou-plées, est, en moyenne, de 17 tonnes et demie, et de 20 tonnes dans les circonstances les plus favorables ; mais sur des pentes variant de l'horizontalité au degré d'inclinaison sur lequel la machine absorbe toute sa puissance à se mouvoir, le chargement que la machine peut alors tirer, est en raison inverse du sinus de l'angle d'inclinaison, augmenté de l'effet du frottement propre de la charge.

Sur une pente ascendante de 1 centimètre ($0,01^m$) par mètre, une machine du poids de 14 tonnes et ayant des roues accouplées, peut faci-lement tirer un chargement de 70 tonnes avec la même vitesse que la puissance génératrice de la machine peut fournir de vapeur aux cylindres, en quantité et en pression égales à l'effet de traction d'une pareille charge sur cette pente, c'est-à-dire à raison de quatre lieues à l'heure.

Influence directe de l'adhérence sur l'usement des roues.

La force d'adhérence et le degré auquel elle est employée exercent une grande influence sur la détérioration et l'usement des bandages des roues.

Sur le railway de Stanhope et Tyne, en Angleterre, chemin construit pour l'exploitation de houillères et sur lequel, par conséquent, les machines ont toujours à remorquer un *maximum* de charge, et par suite, sont plus exposées à l'effet du glissage, les frais d'usement et de réparation sont d'un tiers plus considérables que sur le railway de New-Castle à Carlisle, sur lequel les convois prennent un chargement mixte de voyageurs et de marchandises qui rarement arrive à son *maximum*.

Le développement total de parcours auquel une paire de roues a pu résister sans que le bandage nécessitât de réparation a été, sur le railway de Stanhope, de 6,000 lieues, et sur celui de New-Castle 8,000 lieues.

Sans doute on doit admettre que la construction des railways a reçu de très-grands perfectionnements depuis l'époque de sa première application aux transports des marchandises et des voyageurs, néanmoins il est évident qu'elle est susceptible de recevoir encore de grandes modifications, surtout en ce qui regarde la stabilité et l'homogénéité, afin de réduire les frais d'exploitation et d'entretien, et en faire rentrer le chiffre dans une proportion plus réduite sur l'ensemble des produits bruts.

Par les mêmes raisons, aussi, tout en reconnaissant que les progrès faits dans l'art de la fabrication des machines locomotives ont peut-être dépassé ceux qui ont marqué la construction des railways, nous ne doutons pas, néanmoins, que ces merveilleuses machines ne soient encore susceptibles de recevoir d'importantes améliorations. Ainsi, nous considérons ces machines comme étant généralement beaucoup trop pesantes; leur force motrice ne s'exerce pas encore à l'aide d'un mécanisme assez harmonieux; aussi ce mécanisme est-il une source incessante de réparations et d'entretien. Néanmoins, en nous reportant à l'époque où on se servit pour la première fois de ces machines, on verra, en comparant le développement de force qu'on en obtenait alors avec ce que nous leur faisons faire aujourd'hui, quel progrès étonnant cette science a fait.

*Perfectionnements dans les machines, diminu-
tion dans la consommation du combustible.*

En 1825, époque à laquelle on employa pour la
première fois la vapeur comme moteur sur les railways des houillères du nord de l'Angleterre, on
parvint à faire tirer à une locomotive un chargement de 40 tonneaux sur un palier horizontal, et
avec une vitesse de deux lieues et demie à l'heure.
On considéra alors ce résultat comme très-remar-
quable, quoique cependant il fût à peine supérieur
à l'effet d'une puissance équivalente à celle de sept
chevaux en sus de la puissance pour créer le mouvement même de la machine. La force de vaporisation de cette machine était de 15 pieds cubes d'eau
par heure (1,142 $^{m.c.}$), à un prix de revient de
combustible de plus de 18 livres par pied cube d'eau
convertie en vapeur, ou environ 3 ¾ de livres par
tonne et par mille.

Quatre ans plus tard et peu avant l'ouverture
du chemin de Liverpool à Manchester, on parvint
à faire traîner à une locomotive un chargement
de 40 tonneaux avec une vitesse de six lieues à
l'heure. On attribua ce résultat, double du précédent, principalement à l'introduction des bouil-

leurs tubulaires, système suggéré par M. le comte
de Romford, mais mis en pratique pour la première fois sur le chemin de Liverpool, par son
habile directeur M. Booth, et à l'introduction
simultanée d'un perfectionnement dû à M. Timo-
thy Hacworth, par lequel il crée un courant de vapeur qui a pour effet de diminuer la consommation du combustible et d'augmenter la puissance
de vaporisation de la chaudière, par l'accroissement de la surface exposée à l'action directe de la
flamme et à celle de l'air chaud. La puissance de
vaporisation de cette machine était alors d'environ
30 pieds cubes par heure, et la quantité de combustible consommée, moins de 12 livres par pied
cube d'eau, ou environ 2 livres et demie par tonne
et par mille.

Depuis cette époque, les conducteurs de machines ont porté toute leur attention sur les perfectionnements réclamés par les rouages, mais
surtout sur les moyens d'augmenter la puissance
de vaporisation des machines, tout en diminuant
la consommation du combustible. Pour arriver à
ce dernier résultat du *maximum* d'effet avec le
minimum de combustible, nous ferons observer
qu'il faut que la chaleur puisse être si facilement
absorbée pendant son passage par les tubes ou
conduits par l'absorption rapide à travers les surfaces interposantes, que l'air chaud soit ramené

à presque la même température que celle de l'eau dans les bouilleurs, avant d'être injecté dans les cheminées. Aussi, cinq ans après les expériences célèbres qui furent faites à Rainhill sur le railway de Liverpool à Manchester, et dans lesquelles figura la première locomotive perfectionnée, M. de Pambour trouva que quelques unes des meilleures machines de cette époque (*Fire-Fly*, par exemple) avaient une force de vaporisation de 70 pieds cubes par heure (1, $^{\text{m. c.}}$ 978) avec une charge de 40 tonnes et une vitesse de 21,33 milles par heure (34,32 kilom.); la quantité du combustible consommée n'étant que de $\frac{3}{4}$ de livre par tonne et par mille (0, $^{\text{kilog.}}$ 21 par tonne et par kilomètre).

Les dernières expériences faites en 1839 sur *le Great-Western*, par MM. Wood et Brunel, donnent pour la force de vaporisation de ces machines 165 pieds cubes d'eau par heure (4, $^{\text{m. c.}}$ 620), avec une charge de 40 tonneaux et une vitesse de 40 milles par heure (62 $^{\text{kilom.}}$); la quantité de combustible consommée n'a été que de $\frac{9}{10}$ de livre par tonne et par mille (0, $^{\text{kilog.}}$ 25 par tonne et par kilomètre).

Nous résumerons en tableau les résultats des perfectionnements progressifs apportés dans la construction des locomotives depuis 1825.

Tableau des perfectionnements progressifs des locomotives,
depuis 1825 jusqu'en 1839.

DATES.	NOM de la MACHINE.	Charge de la machine, convoi compris.	Vitesse de la machine en kilomètres par heure.	Vaporisation par heure.	Consommation de combustible par kilogramme, par tonne, par kilomètre.
		Tonne.	kilomèt.	Mèt. cu.	kilog.
1825	Anciennes locomotives.	40	9,65	0,456	1,05
1829	Rocket.	40	25,13	0,855	0,70
1834	Firefly	40	34,32	1,978	0,21
1838	Harvey-Combe.	50	51,49	2,707	0,17
1839	North Star.	40	62	4,620	0,25

Tels ont été les résultats remarquables obtenus jusqu'ici par les perfectionnements graduels introduits dans la construction des locomotives ; M. Wood vient de faire connaître que la conversion d'un pied cube d'eau en vapeur n'exigeait pas une plus grande quantité de combustible dans une chaudière de locomotive que dans celle des appareils ordinaires ou fixes, et moins que le poids fixé par M. Watts de 8 livres par chaque pied cube d'eau (3 kilog., 60 par 0m. c.,028).

En employant des vitesses moins élevées que les précédentes, on obtient une puissance plus grande avec une plus grande économie de combustible. Ainsi, par exemple, sur le chemin de fer de Liverpool à Manchester, les meilleures machines traînent habituellement un chargement de 150 tonneaux avec une vitesse de 32 kilomètres (8 lieues)

à l'heure, et elles ne consomment que 0 ,^{kilog.} 07 de
coke par tonne et par kilomètre. Mais si on est
parvenu à cette économie de combustible sur les
railways à grande vitesse, c'est surtout dans les
districts des houillères que cette économie est encore plus sensible; ainsi, c'est un résultat journa-
lier dans les houillères que de transporter une
tonne de charbon à la vitesse de 32 kilomètres
avec une dépense seulement de 6^c, 50 par tonne
et par kilomètre, y compris les frais de chargement et de déchargement, des wagons et de leur
entretien, de la locomotive, de son combustible,
des ouvriers, des réparations et des railways, enfin
de l'exploitation en général. Lorsque la dépense
du transport d'un voyageur et de son bagage,
ayant ensemble un poids de 90 $^{kilog.}$, 68 à une
vitesse de 32, 18 à 38, 62 kilomètres par heure
s'élève à 4 ^{c}, 30 par kilomètre; le prix du transport d'un chargement moyen de voyageurs, soit de
15 voyageurs par convoi avec une vitesse de 64, 36
kilomètres à l'heure reviendrait à au moins 6, 53
centimes peut-être même à 9, 79 centimes par
voyageur et par kilomètre. Cette dépense est, à
poids égal, 10 ou 15 fois plus élevée que celle du
transport d'un chargement complet de charbon
faisant le trajet dans une seule direction et les
wagons revenant à vide, mais avec une vitesse
réduite au cinquième de la vitesse précitée la plus
élevée.

DU FROTTEMENT OU DE LA RÉSISTANCE PASSIVE DES MACHINES.

Détermination du frottement des machines isolées.

Nous venons de faire connaître les résultats des immenses perfectionnements de ces quatorze dernières années dans la construction des locomotives qui constatent une augmentation de puissance de cinquante fois ce qu'elle était avec une diminution simultanée dans la quantité du combustible à un quart ; il ne faut pas croire cependant que tout ce développement de puissance soit acquis pour l'effet utile au halage des fardeaux : l'expérience prouve au contraire que ce colosse de force mécanique absorbe une proportion assez considérable de sa puissance pour créer son propre mouvement en surmontant ses propres frottements.

La perte de puissance que subit une machine pour se mettre en mouvement provient de quatre causes principales ; savoir :

1° Le frottement même de la machine indépendamment de sa charge ;

2° Le frottement des roues, des essieux, etc., de la machine ;

3° Le frottement des roues, des essieux et du tender ;

4° La résistance constante de la pression de l'atmosphère sur le piston.

L'appréciation exacte de ces trois premières causes de résistance varie avec le degré de perfectionnement introduit dans la construction des machines ; on peut toujours, néanmoins, les évaluer en moyenne ainsi qu'il suit :

1° Le frottement propre de la machine sans charge peut être évalué à 6 livres anglaises ou 2, 72 kilogrammes par tonneau du poids de la locomotive par rapport à la circonférence des roues ; c'est-à-dire qu'en supposant une machine élevée de terre, et une puissance ou force appliquée à la circonférence des roues, il faudrait un effort de 6 livres par tonneau pour que les roues pussent faire fonctionner le piston et les rouages qui s'y rattachent, les deux côtés du piston étant en communication directe avec l'atmosphère ; d'où, par conséquent, et réciproquement lorsque les pistons font mouvoir les roues, la même quantité de vapeur doit être dépensée pour mettre les rouages de la machine en mouvement.

2° Le frottement des roues, des essieux et de la machine, indépendamment de ses rouages, est évalué à 8 livres anglaises ou 3, 68 kilogrammes par tonneau du poids appliqué à la circonférence de la roue ; c'est-à-dire que, les rouages n'étant point en communication avec les roues, il faudra une force de 8 livres pour vaincre la résistance due au frottement de l'essieu et à l'action retardatrice du frottement sur les rails.

3° Le frottement des roues, des essieux et du tender, y compris l'accroissement du frottement sur les rouages de la machine, est estimé à 9 livres ou 4,05 kilogrammes par tonne de son poids.

4° La résistance constante de la pression de l'atmosphère sur le piston est naturellement exprimé par 14, 75 livres anglaises par pouce carré ou à 1, 033 kilogrammes par centimètre carré, ou à 0, 812 kilogrammes par centimètre circulaire de l'aire du piston. Mais, comme cette résistance n'a lieu qu'à l'extrémité même du piston et n'est surmontée que par sa vitesse, il faut nécessairement en réduire l'expression dans la proportion de la vitesse de la roue et du piston, vitesse qui varie pour chaque machine.

Cette proportion de la vitesse de la roue et du piston est en effet celle de la double course du piston et de la circonférence des roues conductrices ; car il est généralement admis en mécanique

que, dans la transmission de force d'un système à un autre, le produit de la pression du piston par la vitesse est constant. Or, le produit de la pression du piston par la vitesse est égal au produit de la pression sur l'essieu par la vitesse même de cet essieu, qui est elle-même, à la vitesse précédente, dans le rapport de la circonférence de la roue à la double course du piston.

Nous ne reproduirons pas ici les différentes méthodes au moyen desquelles on est parvenu à ces résultats ; on peut consulter, à cet égard, l'excellent ouvrage de M. de Pambour, qui est véritablement un ouvrage remarquable par la lucidité avec laquelle la théorie et la pratique sont mises en regard l'une de l'autre, afin de faciliter l'intelligence de cette intéressante matière au lecteur. Nous avons consulté également avec un grand intérêt le rapport de la commission des railways en Irlande, et nous devons en recommander la lecture à tous ceux qui s'occupent des chemins de fer ; ils y trouveront réunis une masse de renseignements les plus précieux sur tous les points touchant les railways, leur construction, leur exploitation, etc.

Voici, d'après l'expérience de six années, le classement et les proportions des locomotives adoptées par les directeurs du chemin de fer de Liverpool et d'autres railways.

Classement des machines.	Diamètre du cylindre.	Course du piston.	Diamètre de la roue.		Poids de la machine.	Poids du tender.
	Pouces.	Pouces.	Pieds.	Pouc.	Tonnes.	Tonnes.
1	14	16	4	6	12 »	6 »
2	12	16	5	»	12 »	6 »
3	11	18	5	»	8 1/2	5 1/2
4	11	16	5	»	8 1/2	5 1/2

Dans toutes ces machines la pression sur la soupape est de 50 livres par pouce carré, et par conséquent la tension de la vapeur dans la chaudière est de 50 livres, plus 14, 75 ou 64, 75 livres par pouce carré.

Il est facile de déterminer pour chacune des machines désignées dans le tableau ci-dessus la quantité de vapeur absorbée pour créer le mouvement propre de la machine.

En effet, on a 1° pour l'expression du frottement des rouages de la machine, indépendamment de sa charge. . . . . $6 \times 12 = 72$ liv.

2° Frottement des essieux et de la locomotive. . . . . . . $8 \times 12 = 96$

3° Frottement des roues, essieux et du tender. . . . . . . $9 \times 6 = 54$

Frottement total de la machine. . . 222

4° Résistance de la pression de l'atmosphère sur le piston ; la réduction de l'aire des deux pistons de 14 ^{po}., en pouces carrés à raison de 14, 75 livres par pouce carré, donne $\frac{3,1416 \times 14^2}{2}$ = 307, 8 ; or, la circonférence d'une roue de 4 ^{pi} 6 ^{pd} de diamètre exprimée en pouces est égale à 3,1416 × 54 ^{pd} = 169, 65 · dont le rapport inverse de la double course ou 32 ^{po} est de $\frac{169, 65}{32}$ = 5, 30.

Par conséquent l'expression de la résistance devient $\frac{307, 8 \times 147}{5, 30} = \frac{4524, 66}{5, 30} = 853$ livres.

Et enfin pour l'expression de la quantité totale de vapeur absorbée dans la création du mouvement, 222 + 853 = 1, 075 livres.

Or, on évalue généralement la force de traction à laquelle un cheval est équivalent, lorsqu'il agit au moyen d'une voiture bien établie et sur une route en bon état, à la dépense d'une livre de force par 30 livres de poids : on peut donc conclure de ce rapport que la puissance absorbée à *préparer le mouvement* d'une machine de première classe peut être estimée à une force animale équivalente à la traction de 32,150 livres, ou de plus de 14 tonneaux sur une bonne route.

Sur un canal, la force de traction d'un cheval

au moyen d'un bateau ordinaire et marchant avec une vitesse moyenne ne dépassant pas deux mille et demi où une lieue de 4000^m est équivalente à la dépense d'une livre de force pour un poids de 400 livres de charge effective ; c'est-à-dire, sans y comprendre le poids du bateau ; dans ce cas l'expression de la puissance absorbée trouvée plus haut représenterait une traction de 430,000 livres ou de plus de 190 tonneaux.

En procédant de la même manière pour toutes les autres locomotives des 2e, 3e et 4e classe, on arrive aux résultats comparatifs suivants :

	Première classe.	Deuxièm. classe.	Troisième classe.	Quatriè. classe.
Puissance totale de vaporisation.	3,757 liv.	2,480 liv.	2,350 liv.	2,087 liv.
Quantité absorbée.	1,075 »	786 »	702,50	642,50

La comparaison de ces résultats prouve que les machines absorbent, pour créer leur mouvement, un *tiers* de leur puissance totale ; or, comme cette dépense de vapeur doit avoir lieu, quel que soit d'ailleurs le poids du chargement, on juge de suite par là combien il est important, sous le point de vue économique, que les locomotives aient leur complément de chargement.

De l'effet utile des locomotives.

Il est facile d'établir d'après ce qui précède le *maximum* de charge qu'une locomotive peut toujours tirer sur un palier horizontal.

En effet, nous avons déjà eu occasion, en commençant à traiter le sujet de la puissance des locomotives, d'apprécier l'effet du frottement des voitures et des wagons les mieux construits sur un palier horizontal : nous avons dit alors que la puissance moyenne pour surmonter l'effet du frottement était de 8 *livres* par tonne de la charge totale (voitures comprises), et 1 *livre* additionnelle par tonne pour le frottement additionnel sur les rouages ou 9 *livres* par tonne. Ainsi, le maximum de charge pour chacune des quatre locomotives ci-dessus serait de : 198 tonnes, — 988 tonnes, — 183 tonnes — et 160 tonnes. On peut encore, au moyen de la force d'adhérence, déterminer la mesure de l'effet utile des locomotives ; c'est du moins ce que prouve une série d'expériences faites par M. George Rennie et que nous trouvons consignées dans les Transactions philosophiques pour l'année 1827. Ce savant ingénieur arrive à la conclusion que la force de traction est à très-peu de chose près les $\frac{10}{07}$ de la pression exercée sur les roues motrices : c'est-à-dire que si le poids restant directement sur les roues motrices est de 6 tonnes ou 13440 livres, on a pour le *maximum* de la force d'adhérence $13450 \times \frac{10}{07}$ = 2006 livres ou environ 222 tonnes. Dans la pratique, il est rare qu'on porte le chargement à ce chiffre : on ne s'en sert que comme limite des épreuves auxquelles on soumet une locomotive.

Nous avons fait voir précédemment qu'après qu'une locomotive avait dépensé une certaine quantité de sa force pour créer son propre mouvement, il lui restait encore, dans le cas des locomotives de première classe, par exemple, *une force de plus d'une tonne*, susceptible d'être employée soit en traction, soit en vitesse, suivant les avantages correspondants à cet emploi. La charge est, en général, limitée, ainsi que nous venons de le dire, par la force d'adhérence ou le poids qui repose sur les roues motrices de la locomotive, et sa vitesse, par la puissance de vaporisation de la chaudière, le cylindre étant l'espace servant à la transition de la vapeur, en quantité et en densité voulues, pour ensuite agir sur les roues au moyen de rouages.

Il est aisé de comprendre, d'après cette description, combien il est avantageux de donner aux locomotives leur complément de charge, correspon-

dant à leur force utile, puisque, en tenant compte
de la puissance absorbée par la machine pour se
mettre en mouvement, la traction d'une charge de
100 tonnes, par exemple, peut être effectuée à
une dépense de vapeur beaucoup au-dessous du
double de la force requise pour la traction de
10 tonnes ; puisque, dans le cas de la locomotive
de première classe, nous avons trouvé que la consommation de vapeur, pour créer son mouvement,
était de 1,075 livres : dans le cas où le chargement
ne serait que de 10 tonnes, on aurait en y ajou-
tant 9 livres par tonne $1075 + 90 = 1165$ livres
et pour un chargement
de 100 tonnes $\qquad 1075 + 900 = 1975$ livres.
C'est-à-dire, qu'un chargement *dix fois plus fort*
est tiré par une force qui n'est même pas *deux fois*
celle nécessaire à un chargement *dix fois plus
faible*. A mesure que le chargement augmente
vers 100 tonnes, limite des chargements ordinaires,
cette comparaison défavorable entre la charge et
les dépenses diminue ; mais au-delà la dépense est
plus faible que dans le cas d'un chargement moyen
de 40 à 50 tonnes.

Si on continuait à établir la comparaison entre
les différentes proportions de dépenses occasion-
nées par différents chargements, indépendamment
du coût de premier établissement d'un railway,
on acquerrait la preuve la plus convaincante

qu'un mouvement commercial, considérable et constant, est indispensable au succès d'une entreprise de railway, et que rien ne peut lui être plus fatal que la tolérance de *toute concurrence*, tendant à diviser des recettes, dont la totalité est si nécessaire et souvent même insuffisante pour couvrir les frais énormes qu'occasionne une seule de ces entreprises.

Des pentes.

Nous avons parlé de la puissance motrice comme moyen de traction sur des paliers horizontaux et avec des vitesses différentes, il nous reste à parler de l'influence des pentes sur cette puissance.

Si la puissance d'une locomotive pouvait être entièrement employée à la traction d'un chargement, cette traction étant une partie déterminée du poids mis en mouvement, alors, en ayant à surmonter une pente dont la proportion est exprimée par une fraction de la hauteur par la base, la puissance requise pour cette pente ascendante serait, à celle nécessaire sur un palier horizontal, comme la somme des deux fractions (c'est-à-dire, celle qui exprime l'angle de la pente ascendante et celle qui représente le frottement) est à celle qui exprime le frottement seulement. Mais ce raison-

nement ne peut s'appliquer qu'à la force de traction proprement dite, et ne peut aider à faire
connaître la quantité de puissance dépensée par
la locomotive.

Pour déterminer la puissance relative de vapeur,
dans ces deux cas, il faut prendre en considération la quantité de puissance que la locomotive
absorbe pour se mettre en mouvement, c'est-à-
dire, la puissance nécessaire pour surmonter le
frottement des rouages de la machine, sans chargement, la surface de résistance et le frottement
de ses essieux, de ses roues, ainsi que de son tender;
et enfin la pression de l'atmosphère sur le piston.

Or, nous avons déjà dit que la somme de puissance de vapeur absorbée par ces différentes causes,
était égale à presque 1/3 de la puissance totale de
la machine; et comme cette quantité doit nécessairement rester la même, soit que la machine
fonctionne sur un palier horizontal, soit sur une
pente ascendante, il en résulte que la force relative en puissance de traction doit nécessairement
varier beaucoup avec le poids du chargement, les
dimensions de la machine et la pente à surmonter.

Pour évaluer, par conséquent, correctement
l'effet des pentes comme dépense dans l'exploitation d'un railway, il faut d'abord établir la quan-

tité de vapeur absorbée pour surmonter la résistance dont nous venons de parler.

Il est généralement admis que la puissance additionnelle nécessaire pour la traction d'un chargement, sur une pente ascendante, est exprimée par une fraction du poids total du convoi (locomotive et tender inclus), déterminée par la pente elle-même ou par la fraction de la hauteur de la pente par la base.

Mais un point contesté, c'est la quantité de vitesse obtenue à la descente, et par suite le degré de comparaison à établir entre des pentes de différentes inclinaisons. M. Wood est d'opinion que le degré de force de vaporisation d'une machine, à des vitesses différentes, influe pour beaucoup dans cette question. Aussi pense-t-il qu'on ne peut pas instituer une comparaison exacte entre le mérite de lignes ayant les mêmes points de départ et d'arrivée, mais une répartition différente de pentes, jusqu'à ce qu'on soit parvenu à déterminer, par des expériences nombreuses et concluantes, la force positive de vaporisation des locomotives à des vitesses différentes, et sous toutes les circonstances influant sur cette question. On ne peut pas disconvenir, il est vrai, qu'en présence des dépenses énormes auxquelles entraîne la réduction d'un tracé à des pentes très-faibles et uniformes, il est de la plus haute importance, qu'on puisse arriver à apprécier, par une série d'expériences très précises et incontestables, la quantité exacte de perte provenant de la déviation d'un tracé uniforme.

Quant aux expériences déjà faites sur ce sujet, elles ne peuvent suffire pour baser des calculs qui puissent servir de règle; elles prouvent tout au plus que des railways à pentes accidentées sont, jusqu'à un certain point, inférieurs à des railways à pentes uniformes et moins fortes pour l'application des locomotives.

Jusqu'à ce qu'on soit parvenu , par conséquent, à connaître bien exactement la proportion de force de vaporisation des machines à différentes vitesses, on ne pourra juger exactement du mérite relatif des railways en concurrence , par l'effet de la locomotion, excepté sur ce point que, puisque les pentes les plus fortes devront nécessiter une plus grande vitesse à la descente pour compenser les pertes de temps qu'occasionne la remonte, qu'ainsi, la diminution d'effet sera en quelque façon en proportion de l'augmentation de vitesse; qu'ainsi, par suite, tout railway ayant de fortes pentes sera inférieur à celui qui en aura de moins fortes.

Dans ce qui précède il n'a point été tenu compte

de l'effet de la gravité sur l'accélération du mouvement, sur des pentes deseendantes. Cet effet, quoique peu sensible, eu égard aux grandes vitesses avec lesquelles les convois marchent ordinairement, ne doit pas néanmoins être négligé.

Le professeur Barlow a consigné, dans son excellent ouvrage sur la force des bois, etc., de précieux renseignements sur l'influence de différentes pentes sur la locomotion; nous ne pouvons mieux faire que de recommander la lecture de cet ouvrage consciencieux, qui contient, surtout dans son appendice de la 3e édition, des détails fort intéressants sur cette matière. Mais nous ne sommes pas entièrement d'accord avec le savant professeur sur le mode d'appréciation suivi par lui pour comparer l'effet de différentes pentes entre elles. Ainsi, il commence par déterminer la diminution de vitesse sur des pentes ascendantes, puis admet que la vitesse sur des pentes descendantes est la même que sur un palier horizontal, et conclut que le résultat moyen entre ces deux vitessses doit être l'expression de la vitesse sur les différentes pentes comprises entre ces limites. Mais, quelle que soit la quantité précise d'accélération, provenant de la gravité sur les pentes descendantes, il n'en est pas moins évident qu'elle est plus favorable que le passage en niveau. Les conséquences déduites par

le professeur Barlow ne peuvent donc être rigou-
reusement exactes dans la pratique.

Dépenses du halage par le moyen des locomotives sur les railways.

Nous présenterons un aperçu des frais de halage, tels que les établissent les résultats de l'exploitation régulière sur quelques chemins de
l'Angleterre et de l'Irlande.

*Sur le railway de Liverpool à Manchester. —
Transport des voyageurs.* Les frais de transport
des voyageurs, en raison d'une vitesse absolue de
24 milles à l'heure (38, 62 kilomètres), ou de
22 1/2 milles seulement (36, 20 kilomètres), en
tenant compte des temps d'arrêt, sont d'environ
4 centimes par voyageur et par kilomètre, non
compris la taxe du gouvernement qui est d'environ
0^r.,46 par voyageur et par kilomètre.

Les frais de locomotive, sur ce prix total, sont
d'un peu plus de 1^c.,33 par voyageur et par
kilomètre, dont le prix du combustible entre pour
1/3, peut-être même pour 1/2 : disons pour 0^c.,65
par voyageur et par kilomètre. Ce prix a été cal-

culé sur un nombre moyen de 60 voyageurs par trajet entier de Liverpool à Manchester, de 30 milles (49, 88 kilom.), mais évalué à 55, 60 kilomètres en mesures horizontales, à cause des différentes pentes à franchir.

La proportion entre la charge utile (les voyageurs et leur bagage) et la charge effective (voitures incluses), est, aussi approximativement que possible, comme 1 est à 4; sans y comprendre le bagage, comme 1 est à 4 1/2.

Les frais de voitures, pour les voyageurs, y compris la dépense des conducteurs, sont d'environ 1$^{c.}$,08 par voyageur et par kilomètre.

Transport des marchandises. Les frais de transport des marchandises s'élèvent à 16$^{c.}$,32 par tonne et par kilomètre, non compris les frais de camionage et autres dépenses aux stations de départ et d'arrivée.

Les frais de locomotive, sur ce prix total, sont de 3$^{c.}$, 26 par tonne et par kilomètre, dont 1/4 revient au prix du combustible; disons 1$^{c.}$,82 par tonne et par kilomètre.

Les frais de wagons seulement sont de 1$^{c.}$,63 par tonne et par kilomètre; et les frais du personnel attaché au transport des marchandises reviennent à 6^c.,53.

Les frais d'entretien du railway sont de près de 2 centimes par tonne et par kilomètre, et un peu plus de 0^c.,54 par voyageur et par kilomètre.

Railway de Dublin à Kingston. — Transport des voyageurs. Les frais de transport des voyageurs sont de 4^c., 31 par voyageur et par kilomètre.

Les frais de locomotive, sur ce prix total, sont d'environ 1^c.,92, dont 0^c.,73 reviennent au prix du combustible par voyageur et par kilomètre. Ce prix a été calculé sur un nombre moyen de 40 voyageurs par trajet entier de 6 milles (9, 65 kilom.).

Le prix du coke est le même que sur la ligne de Liverpool à Manchester, mais la qualité en est inférieure.

La proportion entre la charge utile et la charge effective sur l'ensemble du service pendant une année, a été de 1 à 14; on ne tient point compte du bagage qui, sur cette ligne, est peu important.

Cette différence remarquable, dans la proportion de la charge utile à la charge effective, s'explique du reste assez facilement par la position exceptionnelle où se trouve tout railway à court trajet, dont le point de départ est dans une grande capitale, et le point d'arrivée sur un lieu servant au public comme un but de promenade ou d'amusement. On conçoit qu'alors le mouvement des voyageurs ne peut pas être constant pour tous les trajets, et que si dans la matinée les convois sont à peu près au complet, nécessairement au retour, et dans le milieu de la journée, ils ne sont plus que très-imparfaitement chargés ; dans l'après-dîner le contraire arrive : les retours en ville, ou du moins le mouvement dans une direction est plus considérable que dans l'autre.

Les frais de voiture sont d'environ 1 centime par voyageur et par kilomètre.

Railway de Stockton a Darlington. Parmi les railways exploités principalement pour le transport des charbons, celui de Darlington a été le plus longtemps en service. Les résultats de ce long service non interrompu, sont que le prix de revient du transport des charbons, dans une seule direction, les wagons retournant à vide, est de $2^{c.},43$ à $2^{c.},60$ par tonne et par kilomètre.

Railway de Clarence. Les frais de transport sont, sur ce chemin, de $2^{c.},43$.

Railway de Killingworth. Sur ce chemin qui appartient à une exploitation particulière, les frais ne s'élèvent qu'à 1ᶜ.,03 par tonne et par kilomètre.

Le tableau suivant fera mieux voir encore les proportions des dépenses du halage.

Tableau des dépenses d'exploitation d'un railway.

OBJET des DÉPENSES.	TRANSPORT DES MARCHANDISES.		TRANSPORT DES VOYAGEURS.	
	Railways du Nord. Houille. p. tonne et p. kil.	Railway de Liverp. à Manchester. marchandi. p. tonne et p. kil.	Railway de Liverpo. à Manchest. Nombre moyen des voyageurs p. convoi 60. par voyag. et p. kilom.	Railway de Dublin à Kingston. Nombre moyen des voyageurs p. convoi 40. par voyag. et p. kilom.
	centimes.	centimes.	centimes.	centimes.
MACHINE LOCOMOTIVE. { Machinistes. Chauffeurs et Entretien.	2,31	2,77	1,11	1,13
Combustible.	0,16	0,81	0,65	0,75
TOTAL.	2,47	3,58	1,76	1,88
Wagons.	1,24	1,48	»	»
Conducteurs et chargeurs.	0,49	7,05	»	»
Diligences.	»	»	0,35	0,20
Conducteurs et employés.	»	»	0,67	0,74
Entretien de la route.	1,35	2,00	0,55	0,32
Frais généraux.	0,65	2,31	0,60	1,15
TOTAUX.	6,20	16,42	3,93	4,27

DEUXIÈME PARTIE.

L'intervention du gouvernement est une des plus belles prérogatives, mais en même temps une des plus difficiles à exercer dans un État où des institutions libres existent et sont en pratique. Jusqu'à l'époque où la question des chemins de fer a mis en présence devant les chambres le droit constitutionnel de faire par lui-même, réclamé par le pays, et le droit de faire pour le pays, réclamé par l'État; jusqu'à ce que ce droit ait été admis comme légal et incontestable, d'après nos formes gouvernementales, on s'était peu occupé en France de cette importante question; par cela même, on était donc peu disposé à l'analyser sous tous les points de vue qu'elle présente. Aujourd'hui les choses ont changé; le pays, mieux éclairé sur ses propres intérêts, sur les ressources de l'esprit d'association dont il entend dire tant de merveilles, désire entrer

dans la carrière d'association pour laquelle il se
sent aussi apte que son plus heureux voisin d'outre-
Manche. Dès lors, il demande qu'on définisse la
mesure du droit d'intervention du gouvernement,
qu'on lui fixe des limites, qu'en un mot, la part
du gouvernement soit faite, mais que celle des
intérêts privés soit aussi bien arrêtée.

C'est en Angleterre, mais surtout dans les États
de l'Union américaine qu'il faut aller recueillir ce
qu'un sentiment exact de l'importance de cette
grave question suggère aux économistes qui con-
sacrent leurs recherches au développement de la
prospérité matérielle de leur pays.

Nous avons vu dans ces deux pays les heureux
effets d'une sage intervention, de celle qui sait con-
cilier les intérêts des individus avec les droits de la
société; nous en avons vu diverses applications
sous diverses juridictions; nous avons suivi les
discussions législatives auxquelles elle a donné
lieu, et nous sommes arrivé ainsi à nous fixer sur
l'interprétation qui nous paraît la plus avantageuse
pour notre pays.

Nous essaierons d'analyser la question générale
de l'intervention du gouvernement sous les quatre
divisions principales qu'elle nous paraît embrasser.

1° Le gouvernement peut-il intervenir dans les entreprises à l'exécution desquelles les capitaux privés suffisent?

2° Les railways destinés, ainsi qu'ils le paraissent, à devenir les grandes routes de l'État, doivent-ils être rangés dans les entreprises qu'on ne peut confier à l'influence des capitaux privés ou abandonnés à leur direction isolée?

3° La France se trouve-t-elle dans des circonstances physiques et morales tellement exceptionnelles qu'elles obligent le gouvernement à prendre la responsabilité de la construction des railways, lorsque, dans des circonstances différentes, cette même initiative serait blâmable?

4° Comment l'assistance du gouvernement peut-elle se combiner le mieux avec les intérêts privés?

1° Le gouvernement peut-il intervenir dans les entreprises à l'exécution desquelles les capitaux privés suffisent?

D'abord, en principe général et en vertu des dogmes de liberté qui régissent le pays et qui s'étendent également sur l'industrie, l'État ne devrait point intervenir dans les entreprises que les intérêts privés peuvent réaliser, et qui peuvent s'exécuter par l'association des capitaux; mais en même temps nous sommes forcés de reconnaître l'influence que peuvent exercer diverses considérations, et les modifications qu'elles apportent au principe général et reconnu.   Ainsi, par exemple, un pays peut être plus ou moins riche ; la classe ouvrière peut avoir pour industrie principale, soit l'agriculture, le commerce, les manufactures, soit enfin l'exploitation des richesses minérales; la population peut être plus ou moins avancée en civilisation, avoir fait de très-grands progrès dans les arts, ou se trouver en arrière des progrès généraux dans l'application et la pratique ; elle peut être douée de toute l'intelligence, la persévérance et le savoir nécessaires à l'accomplissement de grandes entreprises, mais ne pas avoir les capitaux suffisants, ou, au contraire, avoir les capitaux, mais manquer de cet esprit de suite dans les idées, de cette persévérance qui inspirent de la confiance et établissent le crédit public, en un mot, avoir les capitaux, mais non le crédit indispensable au succès de toute grande entreprise.   Nous ne pousserons pas plus loin l'énumération des raisons qui pourraient surgir de toutes parts pour contribuer à modifier le principe général que nous avons admis plus haut; nous ajouterons une seule et dernière

considération à celles que nous avons déjà pro-
duites ; c'est que l'importance, le caractère d'une
entreprise, peuvent déterminer la part que l'État
doit y prendre, suivant, par exemple, qu'elle inté-
ressera le pays en général, ou qu'elle ne devra contribuer qu'au développement de ressources locales.
Il importe donc d'examiner soigneusement ces
différentes causes d'influence ; il est indispensable
de les consulter toutes pour résoudre d'une manière satisfaisante la grave et importante question
de l'intervention du gouvernement.

Ainsi la première enquête à instituer, c'est celle
qui doit rechercher et faire connaître d'une manière définie et exacte les circonstances physiques
et morales dans lesquelles se trouvent le pays, la
province, la localité où ces nouvelles entreprises
peuvent être projetées.

Dans le rapport remarquable des commissaires
des chemins de fer en Irlande, la commission a
analysé toutes les considérations économiques,
commerciales et industrielles, qui pouvaient venir
à son aide dans l'accomplissement de la tâche délicate qu'elle a remplie ; elle a fait exécuter avec
le plus grand soin des cartes fort curieuses : l'une
représente la répartition de la population sur tout
le territoire ; une autre figure le mouvement commercial des divers ports et des divers centres ;

une autre, enfin, indique la constitution géologique et les ressources minérales du pays. De semblables travaux nous manquent; et nous aurions préféré voir l'administration se livrer à ce genre de recherches qui eût satisfait généralement beaucoup plus que les rapports qu'elle a publiés, et dont les auteurs se sont rarement élevés au point de vue politique et social qu'exigeait la solution de l'importante question qui leur était confiée.

Ce qui peut servir de règle pour un pays ne peut faire loi dans un autre; car rarement les mêmes circonstances se reproduisent sous les mêmes apparences. Nous ne prétendrons donc point assimiler la France aux deux pays dont nous désirons dire un mot, relativement aux conditions physiques et morales qui ont eu une si grande influence sur le développement qu'on a donné aux voies de communication; mais nous pensons que le rapprochement de circonstances déterminantes et des résultats obtenus, peut toujours servir de guide dans une carrière semblable et nouvelle pour nous.

Les États-Unis de l'Amérique du Nord, que nous plaçons en tête de toutes les nations, à cause du progrès que la civilisation positive y a fait dans un temps très-court, jouissent de tous les avantages physiques et moraux les plus favorables au développement des intérêts matériels. En effet, une population intelligente, active, entreprenante, occupe un territoire immense, offrant toutes les ressources physiques d'un climat très-varié et d'un sol à la fois riche et abondant en ressources minérales. La configuration du pays n'est pas moins propice au grand but de la civilisation : un développement extraordinaire de littoral favorise les rapports extérieurs ; ceux de l'intérieur se trouvent puissamment secondés par une chaîne de lacs en communication les uns avec les autres et présentant un développement de littoral intérieur presque aussi considérable que celui de la mer, et surtout par l'admirable disposition de fleuves immenses, navigables sur la presque totalité de leurs cours ; enfin les chaînes de montagnes qui partagent ce continent en deux grands bassins, comme aussi les faîtes qui séparent les bassins secondaires, ne sont point assez élevés pour s'opposer à l'établissement des voies navigables qui les rattachent les unes aux autres. Mais de toutes les circonstances qui ont contribué à faire fructifier tous ses avantages naturels, la plus favorable sans contredit est l'influence des institutions démocratiques du pays, et surtout la pratique de ces institutions.

L'Angleterre est un pays placé dans des circonstances physiques et morales non moins remar-

quables par leurs étonnantes aptitudes au développement des intérêts matériels ; sa population,
considérable et agglomérée, est patiente et laborieuse ; elle s'occupe presque exclusivement du
commerce, des manufactures et de l'exploitation
des ressources minérales : l'agriculture y est portée
à un très-haut degré de perfectionnement ; aussi
les produits du sol y sont-ils cinq fois plus considérables que dans les pays où le sol est comparativement plus riche, mais cultivé d'après des principes moins avancés qu'en Irlande, par exemple,
où la population entière se livre aux travaux de la
terre pour lui faire rendre une nourriture gros-
sière, qui cependant ne peut encore suffire à ses
besoins de tous les jours.

La position insulaire de l'Angleterre l'oblige à
chercher des rapports avec toutes les parties du
monde pour l'écoulement des produits de son industrie ; elle lui doit ses nombreux ports, ses
moyens de communication facile, ses centres de
fabrication, d'exploitation de tous genres, qui se
groupent si admirablement à des distances toujours
assez rapprochées pour être facilement franchies,
soit par des routes de terre, soit par des canaux,
soit par des chemins de fer ; car la configuration
du pays n'oppose pas de barrière insurmontable
à ces différents systèmes de communication.

Cependant l'état actuel de prospérité matérielle dont, à si juste titre, l'Angleterre a droit de s'enorgueillir, puisque c'est par son moyen qu'elle maintient son puissant monopole, est l'œuvre d'un travail de cent cinquante ans; il est dû, en grande partie, à cet esprit de persévérance qui distingue si éminemment ses habitants, et aux efforts réunis de l'entreprise individuelle et du crédit financier des compagnies.

L'inconcevable prospérité des États-Unis peut être considérée au contraire comme l'œuvre de ces vingt dernières années seulement; elle est due principalement à l'influence des nombreuses communications ouvertes par les ressources privées, appuyées sur le crédit public. Dans plusieurs États, il est vrai, et principalement dans ceux de New-York et de Pennsylvanie, l'énergie des gouvernements respectifs a su diriger l'esprit public et prendre l'initiative de grandes constructions.

Dans l'État de New-York, par exemple, dont les progrès ont été les plus surprenants comme aussi les plus réels, ce résultat merveilleux est dû au génie persévérant de l'un de ses premiers citoyens, le gouvernenr De Witt-Clynton, qui a su faire réaliser, par les ressources de l'État, un développement de richesses sans rival dans les annales des travaux publics.

6

Ainsi, le célèbre canal Érié, qui est éminemment l'œuvre de De Witt-Clynton, a amené le changement suivant dans la valeur des immeubles.

Dans l'année qui suivit immédiatement la fin de la guerre des États-Unis avec la Grande Bretagne, en 1815, la valeur des immeubles sujets aux taxes, s'élevait à   1,406,000,000 fr.

Dix ans plus tard, mais avant l'ouverture des canaux, en 1825, les immeubles ne représentaient plus qu'une somme de   1,317,000,000 fr. offrant ainsi une dépréciation de   89,000,000

L'ouverture des canaux eut lieu en 1825, et dix ans après, en 1835, la valeur des immeubles s'élevait à   2,642,500,000 fr.
Enfin en 1838, elle s'élevait à   2,989,750,000

Ainsi, en résumé, les immeubles qui avaient perdu 17 0/0 pendant les dix années qui précédèrent l'ouverture des canaux, prirent immédiatement après un accroissement de 102 0/0, et dans le chiffre total des treize années, ils ont augmenté de 135 0/0, malgré la crise commerciale qui exerça une si fâcheuse influence et pesa si longtemps sur tout ce pays.

Dans la ville même de New-York, la valeur des

immeubles resta stationnaire pendant les dix années qui précédèrent l'ouverture des canaux, mais dans les dix années qui suivirent, elle augmenta de 123 0/0.

Cette statistique de l'augmentation de valeur de la propriété, prouve la puissante influence des voies de communication, mieux, nous le croyons, que tous les commentaires que nous pourrions ajouter sur ce sujet, car on ne peut avoir une appréciation plus exacte de la richesse d'un pays que par la valeur des immeubles sujets aux taxes de l'État.

Mais si l'augmentation de la valeur de la propriété a été dans les proportions indiquées, l'influence du noble exemple donné par le gouvernement de l'État de New-York, n'a pas été moins marquante dans les heureuses conséquences pour la cause des améliorations intérieures dans l'État, de même que dans les autres provinces qui se sont senties stimulées à rivaliser dans l'exécution de travaux semblables.

Ainsi, dans l'État de New-York, les premiers canaux exécutés par l'État avaient ensemble un développement de 262 lieues, et avaient coûté près de 60,000,000 fr. Aujourd'hui, l'État a entrepris de nouveau 65 lieues de canaux, sur lesquels il doit dépenser 31,000,000 fr.; et il a de plus ap-

proprié 75 millions de francs pour l'élargisse-
ment du canal Erie.   L'industrie privée a achevé
60 lieues de canaux avec une dépense de 20 millions.   C'est donc un ensemble de 387 lieues
de canalisation, représentant une dépense de
111,000,000 fr.; quant aux chemins de fer, 88
lieues sont déjà achevées par l'industrie privée,
avec une dépense de 25,375,000 fr.; 375 lieues
sont en cours d'éxécution avec un capital de
80,000,000 fr. et 700 lieues ont été autorisées sur
un capital total de 155,320,000 fr.   Total des chemins de fer achevés ou projetés, 1,163 lieues avec
une dépense présumée de 260,695,000 fr.

L'État a contribué pour des sommes plus ou
moins considérables dans l'exécution de tous ces
chemins de fer.   Ces sommes sont votées par les
chambres qui autorisent ainsi le prêt simple des
fonds publics, seule intervention que le gouvernement se permette.   Ainsi, l'État a compris qu'une
de ses plus belles prérogatives était de venir en aide
au crédit des particuliers, et par là, de fonder cette
confiance, ce crédit public sans lesquels il n'y a
point d'entreprises possibles.

Nous aurions pu résumer les travaux publics de
l'État de Pennsylvanie et trouver dans leur développement, dans les capitaux qu'ils ont déjà absorbés un exemple aussi remarquable que celui

que nous présente l'État de New-York. Cet État
a déjà complété avec ses propres ressources une
communication de plus de 160 lieues de développement par un heureux enchaînement de chemins
de fer et de canaux entre sa principale ville sur
l'Atlantique, Philadelphie, et son grand marché
sur l'Ohio, Pittsburg; il se propose maintenant
d'ouvrir une communication plus directe entre
ces deux points, par l'établissement d'un chemin
de fer sur toute la distance. Enfin, chaque année
la législature de cet État vote des sommes énormes
pour subvenir à la dépense des travaux publics :
cette année, la loi présentée pour cet objet embrasse plus de vingts sujets différents, pour lesquels
les appropriations doivent s'élever à 35,000,000 fr.

Nous avons cité les États de New-York et de
Pennsylvanie; mais nous aurions pu prendre pour
exemple un État quelconque de l'union américaine;
car chez tous le même esprit règne, le même but
dirige l'opinion publique : développer les ressources
de l'État, créer son crédit public au prix même
d'une dette publique pour l'exécution des chemins
de fer, des canaux, des routes.

Ainsi, nous venons de prouver d'une manière
irrécusable que dans le pays où l'esprit d'association
est le mieux entendu, où il a accompli le plus et où
enfin il manifeste le plus de persévérance, l'in-

tervention du gouvernement venait néanmoins en aide dans presque toutes les entreprises particulières, tout en poursuivant seul l'exécution de grands travaux publics.

Quant aux choix à faire des entreprises dans lesquelles le gouvernement peut intervenir, il nous paraît que c'est surtout sur celles qui ont pour objet le développement des ressources du pays, par la création de nouvelles voies de communication projetées suivant un plan d'ensemble qu'il doit se fixer. Il ne peut y avoir d'inconvénients à abandonner aux soins des intérêts privés l'exécution d'entreprises dont toute la combinaison porte évidemment le cachet d'une spéculation toute d'intérêt privé.

2° Les railways étant destinés à se substituer aux principales grandes routes de l'État, doivent-ils être rangés parmi ces entreprises qu'on ne peut confier à la seule influence des capitaux privés, ou abandonner à une direction isolée?

C'est un sujet fort délicat, nous l'avouons, que la solution à donner à cette question, et elle mérite une profonde investigation.

D'abord les partisans de l'émancipation complète de l'industrie, en matière de chemin de fer, posent en principe que le public a tout à gagner à ce qu'on laisse les compagnies libres d'agir dans l'exécution, l'administration et l'exploitation de leurs entreprises.

Ce que nous avons vu nous-mêmes dans le Nouveau-Monde, des merveilleux résultats amenés par la libre application des moyens privés, nous force d'admettre que dans ce pays, du moins, la pratique a prouvé que le principe était vrai. Mais il est important de se bien pénétrer d'un fait que nous allons exposer: c'est que l'esprit d'association, aux États-Unis, est combiné avec une organisation politique toute différente, des pouvoirs plus populaires et des intérêts moins divergents.

Aux États-Unis, l'esprit d'association n'est point une disposition nouvelle du caractère des habitants; car il présida à la naissance de ce grand empire; son but, comme son résultat, sont toujours une pensée d'ordre et d'ensemble. Aussi toute restriction, tout règlement tendant à contrôler les efforts eussent été considérés comme portant atteinte à la prérogative du libre exercice que réclame tout membre de cette grande famille démocratique. Les lois de concessions n'ont donc point eu à s'occuper de prévisions administratives ou de règlements pour les constructions; elles se sont bornées à préciser, autant que possible, les prérogatives et les franchises des compagnies et à formuler la protection légale à laquelle la propriété donne droit.

En France, l'esprit d'association, à proprement parler, n'existe pas, car on ne peut qualifier de ce nom l'espèce de disposition à la spéculation qui, pendant ces derniers temps, a conduit quelques capitalistes à hasarder leurs fonds dans des entreprises industrielles. Dans tous les cas, que quelques esprits aient été sincèrement pénétrés du bien que l'association des capitaux peut produire, cela prouve seulement que ce louable sentiment peut se naturaliser chez nous, mais qu'il est même dans son enfance. On ne peut donc s'attendre à ce qu'il soit propre à exécuter de toutes pièces le système entier de voies nouvelles que nous réclamons aujourd'hui si énergiquement pour conserver et notre rang de première puissance continentale et notre caractère national. Or, pour que les chemins de fer répondent à ce que nous en attendons dans le développement des ressources nationales, il faut qu'ils soient soumis à un esprit d'ensemble qui garantisse leur plus grande efficacité en même temps qu'il assurera les franchises de chacun. En effet, dans les directions où ils sont appelés à recevoir une application un peu étendue, ils remplaceront nécessairement les routes royales; il devra donc se faire alors un déplacement complet des commodités que les voyageurs rencontraient sur les anciennes routes, puisque leur supériorité est trop manifeste pour que la concurrence puisse se maintenir.

Mais le bien-être du public est étroitement lié à tout ce qui peut développer les ressources nationales ou contribuer à conserver les avantages commerciaux et manufacturiers déjà acquis; le public lui-même est donc profondément intéressé à voir ces sortes d'entreprises réussir, et il convient dès lors que tous les moyens d'encouragement, sans porter atteinte à la part de protection due à d'autres intérêts, soient accordés aux capitalistes qui se trouvent disposés à risquer leurs capitaux dans ces sortes de constructions.

Ainsi, lorsqu'une compagnie sérieuse se présente et fait des offres pour l'exécution d'une ligne déterminée, il conviendrait que ces propositions devinssent le sujet d'un examen rigoureux par une commission spéciale à laquelle la compagnie devrait soumettre un projet bien arrêté, un devis estimatif bien détaillé, un plan d'exécution et les bases d'une organisation financière. La compagnie, ayant subi cette enquête, et la décision de la commission étant favorable, les chambres n'auraient plus qu'à s'occuper de la partie légale de la concession à accorder.

Dans ce cas, cette loi de concession devrait être conçue de manière à affranchir l'entreprise de toutes dépenses extravagantes ou inutiles, des demandes exagérées d'indemnité, d'oppositions malveillantes, et surtout de toute concurrence ruineuse pour la compagnie et fatale pour le pays.

D'un autre côté, l'intérêt public exige que les compagnies soient tenues par des conditions, soumises à des règlements de police bien arrêtés et à un contrôle effectif, tels que le pays entier puisse retirer un bien réel d'un pareil système de railways.

Mais ce qui mérite, par dessus tout, l'attention de notre législation, c'est de prévenir toute dépense extravagante de nos ressources nationales, et de donner une bonne direction à l'emploi des fonds de l'État.

Or, nous appelons dépense extravagante l'emploi des deniers de l'industrie particulière sur un objet dont le but unique est évidemment de prélever une taxe sur une oisive curiosité, et dont, dans tous les cas, les résultats, comme intérêt public, ne seront jamais proportionnels aux capitaux énormes qui se trouvent ainsi absorbés.

3° La France se trouve-t-elle dans des circonstances physiques et morales tellement exceptionnelles qu'elles obligent le gouvernement à prendre

la responsabilité de la construction des railways,
lorsque, dans des circonstances différentes, cette
même initiative serait blâmable?

La France a des avantages physiques incontestables, et qui lui permettent de rivaliser en industrie et en commerce avec les nations les plus favo-
risées; baignée sur son plus grand développement
de frontière par deux mers qui lui ouvrent une
communication directe avec toutes les parties
du monde, elle a l'immense avantage d'être partagée en grands bassins que fertilisent des fleuves
admirablement bien disposés pour les exigences
du commerce et les besoins de l'agriculture; son
territoire embrasse des richesses minérales suffi-
santes mais, il est vrai, peu favorablement réparties
pour son industrie; enfin la bonté de son sol est généralement proverbiale comme celle de son climat.

Elle n'est pas moins bien partagée sous le point
de vue des avantages moraux, car sa population
est active, laborieuse, frugale et intelligente ; mais
il existe néanmoins une bien grande différence
entre les deux pays que nous avons déjà cités, les
États-Unis et l'Angleterre, et la France, sous le
point de vue de l'introduction de l'industrie des
chemins de fer, comme objet d'entreprise profi-
table pour les capitaux privés; c'est qu'en France
la répartition de la population par centres indus-

triels ou de commerce s'est faite sur un cadre bien plus large qu'en Angleterre, et que, par conséquent, les chemins de fer en France ont à franchir de plus grandes distances sans desservir d'autres populations que celles de villes de deuxième et troisième ordre. Souvent dans ces villes il existe à peine une industrie locale un peu importante, ou les habitudes, dans tous les cas, sont tellement en dehors de la vie active, qu'elles ne sont point propres à alimenter le mouvement qu'exigent ces sortes d'entreprises pour être profitables. Nous raisonnons, on le voit, dans l'hypothèse d'entreprises à exécuter actuellement et avec les ressources telles que le pays les fournit; mais il est bon de ne pas perdre de vue que ce défaut de ressources locales est dû précisément à l'imperfection des voies de communication en France. La cause et l'effet sont liés. Les villes intermédiaires entre les grands centres, sont peu manufacturières faute de débouchés faciles, et réciproquement les débouchés faciles n'ont pas été créés plus tard, parce que la nécessité ne s'en faisait pas fortement sentir; l'augmentation de la production a révélé ce besoin, l'établissement des railways le secondera; leur résultat ne sera pas seulement de rapprocher les grands centres, mais d'imprimer l'élan aux points intermédiaires; dès lors, l'inconvénient réel qui existe aujourd'hui ne peut que diminuer. Nous n'en devons pas moins signaler l'état actuel comme un désavantage, puisqu'il s'agit d'apprécier les conditions présentes, et de les mettre en rapport avec ce qui existe en d'autres pays. En Angleterre, au contraire, les distances qui séparent les centres manufacturiers, industriels ou du commerce, sont très-courtes, et les villes du deuxième ou troisième ordre que les railways rencontrent sur leur parcours, contiennent presque toujours une certaine population activement engagée dans les affaires du commerce; dans ce pays, par conséquent, les habitudes des habitants aident aux revenus des chemins de fer, et rendent leur exploitation possible par l'industrie particulière.

Aux États-Unis, les distances que les railways ont à franchir, sont, sans contredit, beaucoup plus grandes, surtout dans l'intérieur du pays, qu'en Angleterre ou en France; mais l'établissement des chemins de fer n'y revient qu'à 300,000 f. la lieue, tandis qu'en Angleterre comme en France les chemins de fer ont coûté jusqu'ici 3 millions par lieue; ensuite ces longues lignes de chemin de fer auxquelles nous avons si souvent fait allusion, soit directement, soit indirectement, sont commencées par l'industrie privée, mais généralement terminées par les fonds des États qui ne refusent jamais leur appui à l'achèvement de travaux ayant plutôt pour but le développement des ressources du pays que le profit direct des actionnaires.

Sans doute, il paraîtra difficile au lecteur français de croire qu'aux États-Unis les individus consentent à risquer leurs capitaux dans l'exécution de ces grands travaux publics par pur patriotisme ; c'est que, dans le fait, ce patriotisme apparent n'est qu'un intérêt bien compris, bien calculé ; on a appris à juger à l'avance les heureux résultats de la création de nouvelles voies de communication sur l'augmentation de valeur de la propriété foncière ; on comprend tout le développement qu'elles peuvent amener dans de nouvelles industries à exploiter, de nouveaux objets de trafic à négocier, la nouvelle vie, en un mot, qu'elles doivent disséminer partout où elles pénétreront.

Enfin nous signalerons une dernière cause de différences entre l'aptitude de notre population et celle des habitants des États-Unis ou de l'Angleterre ; c'est que dans ces deux pays la question des intérêts matériels a toujours été en première ligne dans toutes les différentes transformations subies par leur organisation politique respective. Chez nous, l'influence même de notre organisation politique n'a cessé d'agir sur l'esprit de la nation pour détourner son attention de l'amélioration de son bien-être matériel dont on a constamment appréhendé les résultats comme tendant à trop démocratiser nos mœurs. En un mot, on a toujours gouverné la France ; les États-Unis et l'Angleterre se gouvernent eux-mêmes ; mais enfin le terme de notre minorité signalé une première fois en 1789, une seconde fois en 1830, approche ; la France doit prochainement apprendre à faire par elle et pour elle, car ce n'est plus un besoin ressenti seulement par une fraction plus intelligente du pays, les masses l'éprouvent et réclament hautement.

En nous résumant sur le dernier point que nous avons mis en question, nous exprimerons l'opinion que nous ne croyons pas que le pays se trouve dans des conditions exceptionnelles qui autorisent l'Etat à se charger entièrement et indistinctement de tous les chemins de fer ; seulement comme l'État doit représenter tous les intérêts généraux, il nous paraît juste qu'il prenne sous sa responsabilité l'exécution de ces lignes dont le public peut tirer des avantages réels, mais dans lesquelles l'intérêt privé des compagnies ne peut entrevoir des revenus assez considérables pour s'y engager, ou pour l'exécution desquelles elles ne peuvent réunir assez de moyens.

Nous croyons donc que l'État et l'industrie privée doivent avoir leur part distincte dans l'exécution des chemins de fer ; mais nous adjurons nos concitoyens au nom de notre patrie, de sa prospérité, de notre nationalité, de ne point prolonger plus longtemps le *statu quo* affligeant dans lequel nous nous trouvons, par des discussions dans lesquelles les intérêts privés seuls dominent, et l'intérêt du pays n'est absolument compté pour rien. Il n'est plus temps de se demander si nous pouvons nous passer de chemins de fer, ou si d'autres inventions viendront prochainement prendre leur place. Les railways sont devenus une nécessité de notre siècle, car ils sont les véritables organes de la vie des peuples, et constituent un corollaire forcé de la navigation à la vapeur : l'un ne peut pas marcher sans l'autre ; si la navigation à la vapeur s'est ouvert un nouveau chenal du Havre à Auxerre, de Châlons à Marseille, il faut qu'un railway donne les moyens de franchir la distance d'Auxerre à Châlons ; si le Nouveau-Monde enfin n'est plus aujourd'hui qu'à treize ou quatorze jours. du Havre, il ne faut pas que, pour traverser sur notre territoire la distance qui sépare le Havre de Marseille on soit un tiers du temps employé pour se rendre à New-York, qui est à une distance près de sept fois plus grande.

4° Comment l'assistance du gouvernement peut-elle mieux se combiner avec les intérêts privés ?

Il nous sera facile de répondre à cette dernière question ; d'abord nous admettrons en principe qu'une nation peut sagement dépenser de l'argent par des considérations tout autres que celles qui gouvernent les individus, qu'en conséquence l'État peut se contenter d'un intérêt de 3 et même 2 1/2 pour cent, lorsque le particulier peut à peine se contenter de 4 pour cent; que dans certains cas il peut même avancer ses fonds sans intérêt immédiat; car il doit avoir égard avant tout aux grands intérêts généraux qui peuvent se rattacher à l'achèvement de travaux auxquels il concourt. Ces intérêts sont de créer pour les produits du sol et de l'industrie une valeur qu'ils ne possédaient pas auparavant, faute d'un marché, ou, en raison des frais de transport, d'augmenter progressivement la quantité de ces produits par la facilité des échanges et de l'exportation, d'encourager ainsi et de ranimer l'agriculture, de favoriser le développement des manufactures, de varier la classe des producteurs et de la rapprocher des consommateurs, de faciliter enfin le rapprochement des hommes, l'échange des idées, la dissémination des lumières.

Ceci posé et admis, il ne nous reste plus qu'à indiquer le moyen qui, suivant nous, peut le mieux répondre à l'objet proposé. Ce moyen c'est l'avance des fonds de l'État à un taux réduit d'intérêt; ce prêt ou cette avance de fonds peut s'effectuer de deux manières: directement par des bons du trésor, ou indirectement par l'émission d'inscriptions. Dans cette dernière hypothèse, les chambres auraient à autoriser un emprunt pour les chemins de fer; le capital de cet emprunt serait remboursable dans un délai à déterminer, et porterait un intérêt dont le gouvernement serait responsable. Les compagnies qui auraient obtenu l'appui des chambres, seraient autorisées à recevoir du trésor un nombre d'inscriptions de cet emprunt correspondant à la somme consentie par le parlement; de cette manière, ces inscriptions entre les mains des compagnies seraient équivalentes à de l'argent, puisqu'elles pourraient toujours être négociées sur la place, et cependant l'État n'aurait fait véritablement aucune avance de fonds. L'État trouverait une garantie de son capital et de son intérêt sur l'immeuble même des compagnies.

L'État aurait encore un autre moyen direct d'aider l'industrie particulière; ce serait de devenir souscripteur au fonds social, en ayant droit de se faire représenter dans l'administration des compagnies pour le nombre équivalent d'actions dont il se serait rendu détenteur. Dans ce dernier cas, nous proposerions que l'État fît l'avance du montant total de sa souscription ou au moins de la moitié sur le versement par les actionnaires du premier cinquième; c'est un usage qui, aux États-Unis, a souvent lieu.

Quant à la garantie d'un taux d'intérêt déterminé par le gouvernement, elle nous paraît en opposition avec le but même d'une entreprise de chemins de fer qui est d'atteindre un résultat financier satisfaisant comme revenu par des travaux judicieusement exécutés, par une vigilance extrême sur les causes tendant à diminuer les frais d'entretien, enfin en évitant des fautes compromettantes dans la gestion. L'effet de la garantie sera, au contraire, de couvrir le gaspillage qu'on ne saura empêcher, quel que soit le contrôle des commissaires chargés d'exercer la surveillance sur les opérations de la compagnie, et les compagnies elles-mêmes seront moins intéressées à veiller sur leurs affaires, par cela même qu'elles se sentiront appuyées par le trésor.

Toutefois la plus grande objection que l'on puisse opposer à cette sorte d'intervention, c'est l'espèce de tutelle qui, nécessairement, en résulterait pour les compagnies, tutelle dont l'appréhension seule pourrait suffire pour éloigner les capitaux; car l'industrie ne redoute rien autant que de voir l'administration s'immiscer dans ses affaires. Aussi, tout en proposant l'intervention du trésor par des souscriptions au fonds social, comme cela se pratique aux États-Unis, nous nous déclarons en faveur de la subvention fixe de préférence à tout autre mode de participation par l'État dans les entreprises de chemin de fer concédées à des compagnies.

Le prêt direct du trésor, bien mieux encore que la souscription par l'État pour un certain nombre d'actions dans une entreprise, aurait pour effet d'appeler la confiance du public sur son mérite, et aussi de donner une espèce de garantie sur son entier achèvement ; or, qui dit confiance publique dit crédit, qui dit crédit, dit capital effectif ; car en France ce ne sont pas les capitaux qui manquent, c'est la confiance publique que, jusqu'ici, on n'a pas su fixer sur les affaires industrielles.

Nous ne terminerons pas cet article sans offrir quelques exemples à l'appui des divers modes de crédit que nous venons de suggérer.

La législature du Massachussetts, un des États du nord de l'Amérique, vient d'accorder l'appui des fonds de l'État et de son crédit pour l'achèvement d'une grande ligne de railways destinée à mettre Boston, sa capitale, en communication avec les pays de l'ouest en touchant au lac Erie à Buffalo dans l'État de New-York. Cette ligne qui porte la dénomination de *Great Western railroad*, ne doit pas avoir moins de 209 lieues, dont 65 seulement sont sur le Massachussetts, le reste sur l'État de New-York ; elle est composée de onze chemins de fer exécutés par autant de compagnies, et dont un grand nombre sont terminés et livrés à la circulation ; la ligne entière sera achevée en 1841. Sur les 65 lieues qui se trouvent dans le Massachussetts, 19 ont été exécutés par la compagnie de Boston à Worcester ; cette portion est en exploitation depuis 1833 et donne un bon produit. Une autre compagnie s'est chargée de la construction du prolongement de cette ligne depuis Worcester jusqu'à Westockbridge, qui a un développement de 46 lieues et a été estimé à 22 millions. Déjà les travaux sont commencés sur la souscription de la moitié seulement du capital nécessaire ; mais la législature est intervenue dernièrement dans cette entreprise en autorisant l'émission d'inscriptions de l'État remboursables dans trente ans, à partir de la date de la loi d'appropriation, et livrables par le trésor à la compagnie à des époques prévues par la loi. Ainsi il est dit que le premier prêt avancé par l'État doit être entièrement absorbé en travaux faits sur le chemin avant que le second soit livrable ; que le troisième ne pourra être payé par le trésorier que sur les preuves du versement du second dixième par les actionnaires ; qu'enfin le quatrième ne sera échu que lorsque le troisième dixième aura été payé. Mais nous ferons observer que l'État est en outre souscripteur lui-même pour un tiers du capital social ; qu'il est donc tenu comme actionnaire de parfaire son versement proportionnel sans que cela intervienne en rien dans l'avance des fonds de l'État, assuré d'ailleurs par l'émission des inscriptions portant un intérêt fixe, payable aux États-Unis ou en Angleterre.

La législature du Maryland offre un exemple non moins remarquable du judicieux usage du crédit de l'État employé pour répandre une nouvelle énergie sur le développement des travaux publics. Nous avons déjà eu occasion de parler, dans de précédents ouvrages, de deux gigantesques entreprises projetées dans le but de faire participer les villes de Washington et de Baltimore au commerce des riches pays de l'ouest : l'une, le célèbre canal de la Chesapeake à l'Ohio; l'autre, le chemin de fer de Baltimore à l'Ohio ; le manque de fonds fournis par les ressources ordinaires des capitaux privés avait forcé de suspendre les travaux. Aujourd'hui l'achèvement, en son entier, de ces deux importantes créations, vient d'être assuré par l'intervention directe de l'État du Maryland voté par sa législature. Un emprunt portant intérêt à 5 pour cent aux États-Unis, et à 6 pour cent en Angleterre, remboursable dans cinquante ans, vient d'être créé par une loi de l'État pour subvenir aux fonds nécessaires à l'entier achèvement de ces grands travaux.

Nous citerons enfin, pour dernier exemple de l'intervention du gouvernement dans les entreprises de chemin de fer, ce qui se passe habituellement en Angleterre. Dans ce pays où les capitaux privés ont généralement une puissance d'action très-grande, et où l'actionnaire ne se décourage pas facilement par suite de dépenses dépassant les devis des administrateurs ou des ingénieurs, il arrive néanmoins fréquemment qu'on a recours à un emprunt sur le gouvernement, et il est très-rare que celui-ci refuse son appui à l'industrie. Voici le mode de subvention adopté: les lords de la trésorerie sont autorisés à émettre des billets au crédit de la compagnie; ces billets ne sont point de l'argent, c'est simplement un prêt fait aux compagnies qui, lorsqu'elles ont besoin de fonds, les négocient; l'escompteur peut à son gré les conserver ou les vendre de nouveau, et ils circulent ainsi dans le royaume de la Grande-Bretagne ou à l'étranger avec la plus grande facilité et la plus parfaite sécurité, puisque l'État répond du capital et des intérêts.

Par ce mode d'intervention, l'État se trouve concourir directement par sa garantie à trouver des capitaux à l'industrie particulière, sans que pour cela le trésor ait un seul denier à avancer, et sans que l'État ait rien à contrôler dans les affaires des compagnies.

TROISIÈME PARTIE.

DIRECTION ET PLAN D'ENSEMBLE.

———

Nous avons dit dans notre seconde partie que les chemins de fer, afin de répondre à ce que nous en attendons pour le développement des ressources nationales, devaient être soumis à un esprit d'ensemble qui garantît leur plus grande efficacité et assurât en même temps les franchises de chacun; nous ajouterons que leur succès, tant dans les intérêts de l'industrie privée que dans ceux de l'État, ne peut être certain, durable et complet, que par l'influence unitaire que peut seule exercer une commission spéciale chargée de préparer ce travail et d'en coordonner toutes les parties.

Pour remplir la tâche importante qui lui serait confiée, cette commission aurait à se placer au point de vue social qui lui permît d'embrasser toutes les considérations politiques et industrielles du pays; elle aurait donc à s'appuyer sur des connaissances militaires, commerciales, géographiques et géologiques, et à se prémunir contre toute influence locale et contre toute pensée isolée d'administration ou de fisc.

Ainsi, c'est moins dans les détails d'exécution ou d'administration des compagnies des chemins de fer qu'elle aurait à intervenir, que dans les résultats à atteindre pour chaque localité et dans l'enchaînement qui doit exister entre toutes les entreprises partielles du grand réseau des railways appelés un jour à couvrir toute la France. Elle ne pourrait donc jamais interposer son autorité de manière à entraver les opérations de l'industrie particulière, elle leur serait plutôt en aide; mais c'est surtout dans la protection des intérêts généraux qu'elle aurait à exercer un mandat puissant et actif, car elle aurait à veiller à ce que divers efforts de l'industrie locale n'agissent pas en rivalité les uns des autres et n'annulassent pas ainsi une partie des résultats que le pays serait en droit d'en attendre si les vues rétrécies d'une rivalité égoïste et coupable ne venaient trop souvent en paralyser les effets.

L'urgence de créer une semblable commission

comme aussi les avantages qui s'y rattachent, nous paraissent incontestables dans l'état actuel d'indécision où se trouve la question des chemins de de fer en France. Déjà, en effet, l'industrie privée a pris dans ces entreprises une part que le pays a intérêt à voir grandir sous l'appui judicieux du gouvernement; l'État, de son côté, est appelé à se charger de l'exécution de grandes lignes nationales dont les revenus trop douteux éloigneront les capitaux privés; il est donc indispensable et urgent aujourd'hui qu'une même pensée directrice coordonne et vivifie ce système général, composé sans cela d'éléments isolés et dus à des sources diverses.

Cette pensée directrice devra devenir nécessairement l'âme de la commission dont nous réclamons la création, et pour que celle-ci réponde à sa destination, il faut qu'elle soit organisée de manière à agir avec une entière indépendance : à cet effet, elle devra être constituée en dehors de la hiérarchie du corps des ponts-et-chaussées, et relever directement du ministre des travaux publics.

En demandant que la direction des chemins de fer soit confiée à une commission spéciale, nous déclarons que nous ne sommes mû par aucune intention hostile au corps des ponts-et-chaussées :

nous nous plaisons à reconnaître les talents et les services de ses membres ; mais nous croyons que les chemins de fer font naître mille questions en dehors de leur spécialité. Ce genre de travaux est de création récente, sans antécédents quelconques, pour ainsi dire, entièrement basé sur l'avenir et dépendant de l'expérience croissante que chaque année vient apporter à nos connaissances précédentes ; nous pensons que l'introduction chez nous de ces voies nouvelles exige une administration nouvelle aussi énergique, et qui puisse surtout progresser avec elles.

Or, le corps des ponts-et-chaussées a été créé à une époque où l'industrie était peu avancée, où elle n'exerçait aucune influence, où le gouvernement pouvait seul disposer de grands moyens, et où d'ailleurs il centralisait tout ; dans ces circonstances, il a pu rendre de grands services à l'État et au pays, nous l'admettons ; mais, depuis lors, les choses ont bien changé : le public s'intéresse davantage dans les travaux qui doivent amener son bien-être ; l'industrie s'est développée, elle a même acquis sur certains points une assez grande influence, et désormais le pays reconnaît qu'il peut être meilleur juge que les corps isolés du mérite et de l'opportunité d'exécution des entreprises qu'il réclame.

Le corps des ponts-et-chaussées organisé d'après

les exigences de l'époque de sa création, n'est donc plus en harmonie avec les besoins actuels; il est en effet trop exclusivement gouvernemental, et dès lors il agit comme tous les corps de l'État chez nous, considérant la nation ou l'industrie privée qui compose la partie active comme une classe qu'il est appelé à diriger, à servir malgré elle et mieux qu'elle ne le ferait elle-même, ou du moins à laquelle il faut d'abord commencer par refuser ce qu'elle réclame, sauf à juger plus tard ce qu'une tutelle exclusivement prévoyante croira pouvoir accorder.

Enfin l'administration des ponts-et-chaussées est chargée de l'importante responsabilité de la surveillance effective de toutes nos voies navigables naturelles et artificielles, par conséquent, de l'amélioration des rivières, de la construction des ponts, de la construction et de l'entretien des canaux, de la direction de divers grands travaux hydrauliques pour l'amélioration de nos ports de mer, de veiller au bon état de nos routes ordinaires de terre, d'en construire de nouvelles et de suivre leur réparation journalière, travail de la plus grande importance si l'État ne veut pas avoir fait en pure perte des dépenses immenses sur ses routes.

Chacun de ces sujets comporte une appropriation spéciale motivée au budget ordinaire par les besoins courants du service et s'élevant à la somme de 36,559,000 fr. ; et au budget extraordinaire, par l'existence de la loi du 17 mai 1837, autorisant le classement de nouvelles routes, de nouveaux travaux d'amélioration de rivières, de canaux et de ports maritimes, et s'élevant à la somme de 51,648,000 fr. ; élevant ensemble le budget des travaux publics, pour l'exercice de 1840, à l'énorme somme de 88,107,000 fr.

La responsabilité qui pèse sur le corps des ponts-et-chaussées est donc déjà très-considérable, et on se demande avec raison, comment, avec la complication de bureaucratie qu'exige notre vieille routine en matière administrative, ce corps peut réussir à dépenser d'une manière judicieuse et sans pertes pour le public, par conséquent pour l'État, des sommes aussi considérables à répartir sur tant de sujets variés et sur des localités si différentes. En vérité, on serait tenté de se demander si plutôt le service public n'est pas en souffrance, par suite des demandes multipliées faites à ce département, et de l'étendue des travaux qui lui sont confiés.

Nous croyons donc sincèrement que ses sérieuses préoccupations ne lui laissent pas la possibilité d'étudier à fond la question des chemins de fer, qui à elle seule pourrait absorber tout son temps, et nous ne sommes plus étonné de l'état imparfait du travail qui nous a été donné sur ce grand sujet.

Nous venons de démontrer que la création d'une commission spéciale pour les chemins de fer.était également réclamée par la nécessité d'agir avec énergie et ensemble dans l'application de ces voies nouvelles, et par l'impossibilité où par le fait même de ses occupations, l'administration des ponts-et-chaussées se trouvait de pouvoir se charger de cette nouvelle branche de service et de s'y dévouer sans préoccupation étrangère. Nous appuierons maintenant la suggestion que nous venons de faire, d'exemples qui nous sont personnellement connus et que nous empruntons à des pays étrangers.

Nous citerons d'abord , comme présentant plus complètement le caractère dont nous désirerions voir une commission revêtue chez nous, l'institution de la commission des améliorations intérieures par le gouvernement fédéral de l'Union américaine ; l'objet de cette commission fut de donner de l'ensemble et de l'unité aux immenses travaux qui s'exécutaient sur tous les points de l'Union, et qui, par leur intérêt et les relations qu'ils tendaient à créer parmi les masses, prenaient un caractère national. Elle fut organisée dès l'année 1824 ; elle se composait d'ingénieurs militaires , d'ingénieurs des travaux publics et d'ingénieurs civils. Toutes les fois qu'elle avait à s'occuper du projet d'une ligne particulière ou d'une portion de ligne pour laquelle il existait des avant-projets faits par un ingénieur ou une personne de la localité, l'ingénieur de la ligne particulière ou de la localité devenait membre-adjoint pour tout le temps où la commission avait à s'occuper de cette ligne particulière.

C'est le travail qui a occupé la commission pendant plusieurs années, qui a servi de base et de cadre principal à toutes les entreprises qui depuis se sont développées sur une échelle aussi vaste que celle même de cette puissante république.

Nous avons eu occasion de présenter une relation fidèle de ces travaux dans un ouvrrge que nous avons publié en 1834 ; elle pourra servir à donner une juste idée des attributions larges et variées dont cette commission jouissait, et des services qu'elle a pu rendre aux intérêts privés et à l'État.

Toutefois, nous dirons que, dans un pays où les bons exemples portent toujours des fruits, plusieurs États de l'Union ont suivi, par rapport à leurs travaux publics, le même moyen d'ensemble ; en général même, ils ont presque tous créé un fonds, appelé *fonds des améliorations inté-*

rieures, administré par un comité choisi par les législateurs, et destiné à subvenir, sur leur recommandation, aux besoins de télle ou telle entreprise.

Nous emprunterons encore aux États-Unis un dernier exemple concluant de la nécessité de pourvoir à un enchaînement unitaire entre tous les railways établis ou à établir.

Dans un ouvrage que nous avons publié en 1836, sur les chemins de fer américains, leur construction, leur administration, leur législation, nous avons eu occasion de parler séparément des railways entrepris par les plus grands États de l'Union américaine sur les bords de l'Atlantique. Nous avons signalé alors au lecteur que tous ces États étaient mus par la même pensée, celle de s'ouvrir la communication la plus directe avec la grande vallée du Mississipi, avec les *riches régions de l'ouest*, dénomination juste que les Américains donnent à toute cette partie de leur territoire qui se trouve à l'ouest des monts Alléghaniens et qu'arrosent l'Ohio, le Missouri et le Mississipi. Parmi ces États, ceux de New-York et de Pennsylvanie ont peut-être exécuté les plus grands travaux pour arriver à ce but; en effet, l'État de New-York s'est ouvert une voie navigable de 210 lieues de longueur entre New-York et Buffaloe sur le canal Erie, au moyen du canal Erie, qui a 110 lieues de développement. D'Albany, tête de la navigation du Hudson et où se termine le canal Erie à Buffaloe sur le lac Erie, une nouvelle communication par les railways est en cours d'exécution presque parallèlement au canal; elle doit être prolongée jusqu'au port d'Erie; cette ligne n'aura pas moins alors de 166 lieues.

Enfin, entre New-York et le lac Erie, une troisième ligne de communication, plus directe que les deux premières, a été projetée et commencée au moyen du railway d'Erie qui a son point de départ sur les bords du Hudson, à la petite ville de Tappan, à 10 lieues de New-York, et son point d'arrivée sur le lac Erie au port de Dunkirk; cette ligne aurait 193 lieues de développement. Ce chemin avait été concédé à une compagnie particulière, mais sur des réclamations nombreuses et surtout sur celles de la ville de New-York, la législature vient de décider qu'il serait achevé aux frais de l'État.

L'état de Pennsylvanie a ouvert à ses frais une communication directe entre Philadelphie et Pittsburg sur l'Ohio, par un enchaînement heureux entre ses canaux et ses chemins de fer; cette ligne a 162 lieues de développement; une autre communication, entièrement par chemins de fer, est en cours d'exécution entre Philadelphie et le lac

Erie. Au moyen du railway projeté de Sunbury au port Erie sur le lac Erie et des railways de Reading, Pottsville et Sunbury déjà terminés, cette ligne aura 170 lieues de développement.

Ainsi donc, deux puissants États, mus par un noble sentiment de rivalité, également jaloux de s'approprier la plus grande partie du commerce de l'Ouest, viennent d'exécuter ou auront prochainement achevé en canaux et railways tendant directement vers ce but, l'un 469 lieues, l'autre 332 lieues de travaux. Aujourd'hui ces mêmes États, malgré la rivalité d'intérêts qui semblait les diviser, viennent de nommer une commission spéciale, chargée de pourvoir à ce que tous les railways des deux États reçoivent un même enchaînement, une même direction dans un but sage d'étendre leur utilité publique.

De l'autre côté de la Manche, nous venons de voir le parlement anglais s'occuper des moyens d'améliorer le sort vraiment alarmant de l'Irlande par l'introduction des chemins de fer, et à cette occasion créer une commission spéciale chargée de préparer un plan général. Nous avons déjà eu l'occasion de citer le travail remarquable de cette commission, et d'y puiser de précieux enseignements que nous nous sommes empressé de reproduire. Nous rappellerons donc ici seulement que

la commission des chemins de fer d'Irlande a fait
un travail complet qui laisse le choix de faire des
chemins de fer, soit par l'industrie privée, soit par
l'État, soit à l'aide d'une heureuse combinaison de
ces deux moyens, et que, dans tous les cas, elle a
fait étudier, par deux ingénieurs distingués,
MM. Vignoles et Macneil, les principales lignes
que désignaient à leur prévoyance le mouvement
actuel et les besoins du commerce et de l'industrie;
de cette manière, une portion quelconque de ligne
peut toujours être entreprise séparément et se rattacher néanmoins éventuellement au système
unitaire étudié par la commission.

Il est également question de soumettre les chemins de fer anglais à l'effet d'un contrôle uniforme
pour donner à leur service plus de régularité,
d'homogénéité, et par conséquent étendre leur
utilité.

Toutes ces citations prouveront suffisamment,
nous le croyons, l'importance qu'on attache, en
pays étrangers, à ce que les railways soient soumis
à un plan d'ensemble, la nécessité de l'institution
d'une commission spéciale qui seule peut répondre
à cet objet, enfin la part dirigeante qu'on accorde
généralement à ces commissions. Nous espérons
donc que l'opportunité d'adopter en France une
organisation semblable, ressortira de tous ces

faits; dans tous les cas, nous le répétons ici, nous pensons que sans la création d'une direction spéciale pour les chemins de fer, jamais on n'arrivera à avoir un système complet de railways répondant à tous les besoins du pays.

Enfin l'exemple de nos travaux de canalisation ne doit point être perdu pour l'avenir. Si les dépenses, vraiment extraordinaires, que l'État a supportées pour créer chez nous des voies navigables, n'ont point produit tout ce que le pays en attendait, cela est dû en grande partie à l'absence d'un plan général qui eût été préparé et arrêté à l'avance, et d'après lequel on aurait pu exécuter, suivant les ressources du pays, les portions les plus essentielles à la réalisation d'une communication directe et non interrompue entre des points déterminés de notre commerce et de notre industrie. Espérons donc que mieux instruits par le passé et éclairés par l'expérience si heureusement acquise en pays étrangers, nous saurons adopter la seule mesure qui puisse imprimer à nos railways une direction d'utilité unitaire, dont les services s'étendront à toute la génération actuelle, et seront recueillis par celle qui suivra comme un témoignage de notre sage prévoyance.

Nous nous occuperons maintenant de l'exposition sommaire des conditions d'ensemble auxquelles nous considérons que les railways, chez nous, doivent répondre pour composer un système général. Or, comme ce qui existe déjà doit rentrer dans le plan général à adopter et à suivre, nous admettrons le passé comme un fait accompli, et sur lequel nous n'avons plus à revenir. Nous ne discuterons donc pas de nouveau sur le mérite relatif des lignes qui ont été mises en présence avant les concessions accordées, sur l'ensemble des lignes déjà plus ou moins comprimées par la décision du pouvoir, sur ce qu'il eût été plus avantageux de faire lors du début de l'application des railways, surtout par rapport à notre capitale qui, établie sur une rivière, privée des avantages d'un port, ne présente véritablement point de centralisation de commerce et de population. Encore une fois, nous regarderons tous ces faits comme accomplis, du moins c'est ce qui nous paraît le plus raisonnable dans l'état des choses si nous voulons enfin arriver à créer quelque chose de complet.

Les railways achevés, en cours d'exécution ou concédés, devant être considérés comme des éléments du système général à créer, il importe de connaître les points principaux de leur construction qui peuvent influer sur l'ensemble des lignes à établir; nous allons donc en reproduire une courte analyse, en les présentant suivant l'ordre de priorité déterminé par les dates de leurs concessions.

*Chemin de fer de Saint-Étienne à Andrezieux ;
à une voie.   Concession directe et à perpétuité,
26 février 1823.*

Ce chemin a pour objet le transport des houilles de Saint-Étienne au bassin de la Loire ; il commence au pont de l'Ane, sur un affluent de la rivière de Furens, dont il suit après cela la vallée, passe par les terrains houilleux de Saint-Étienne, et vient se terminer à un embarcadère sur la Loire, à Andrezieux. Le développement de la ligne principale est de 17,000 $^{m.}$ (4 lieues $\frac{1}{4}$).

Il a été établi à une voie, sur une largeur en couronnement de 3 $^{m.}$ 50 $^{c.}$, et de 6 $^{m.}$ partout où la voie est double. Les pentes varient de 0 à 17 $^{millim.}$ par mètre ; il a des courbes de 35 $^{m.}$ de rayon. Il est desservi par la force animale, excepté sur un point où se trouve un plan auto-moteur. Une seconde voie a été établie depuis, sur presque la moitié de son parcours.

La pente totale franchie est de 142 $^{m.}$ 70 $^{c.}$. Le poids des rails, par mètre, est de 13 $^{kilog.}$

L'établissement de ce chemin, y compris les améliorations récentes, est revenu à 2,150,000 fr.

Il transporte annuellement 250,000 tonnes, et rend 12 p. 0/0 aux actionnaires.

Chemin de fer de Saint-Étienne à Lyon ; à deux voies. Concession à perpétuité, mise en adjudication le 27 mars 1827.

Ce chemin a pour objet le transport de la houille et des voyageurs. Il part de Saint-Étienne, passe par Saint-Chaumond, Rive de Gier et Givors, sur le Rhône, et vient se terminer à Lyon, hors ville.

Le développement de la ligne principale est de 57,500 ^{m}· (14 lieues $\frac{3}{8}$). Il a été établi à deux voies, sur une largeur de 6 ^{m}· en couronnement ; ses pentes varient depuis 0,0005 jusqu'à 0 ^{m}· 0137. La pente totale franchie est de 376 ^{m}· Le poids des rails, par mètre, est de 28 ^{kilog}·

L'établissement du chemin est revenu à 15 millions de francs, dont 11 millions ont été fournis par souscription et 4 par emprunt.

Le mouvement, en 1838, a été représenté par 358,568 tonnes de houille et 90,191 voyageurs ; il a produit 3,090,192 fr. de revenu brut, somme égale à un capital de 60 millions ! Ce fait, presque sans pareil dans l'histoire des travaux de communications intérieures, signale l'importance de cette ligne comme voie de transport.

Chemin de fer de Roanne, à une voie. Concession à perpétuité, mise en adjudication le 21 juillet 1828.

Ce chemin a principalement pour objet le transport de la houille de Saint-Étienne à la Loire, au point où commence le canal latéral; il sert également, mais secondairement, au transport des voyageurs. Il s'embranche sur le chemin de fer de Saint-Étienne à Andrezieux, près Querillière, et utilise 12,000 ^{m}· de son parcours dans la communication qu'il établit ainsi entre Roanne et Saint-Étienne.

Le développement de la ligne principale est de 67,000 mèt. (16 lieues $\frac{3}{4}$). Il a été établi à une voie, mais les terrassements ont été exécutés pour deux voies. La pente moyenne, dans la direction des plus grands transports, et indépendamment des plans inclinés, est de 1 centimètre par mètre; il y a trois plans inclinés dont un est automoteur et deux sont munis de machines fixes, l'une de la force de 30 chevaux, l'autre de la force de 60 chevaux. La somme des pentes et contrepentes franchies est de 476 ^{m}· Le poids des rails, par mètre, est de 13 kilog. 20. L'établissement de ce chemin est revenu à 7,226,548 fr.

Le mouvement annuel, estimé sur les produits des premiers mois de 1839, ne sera pas moins de 110,000 tonnes de houille, et d'environ 20,000 voyageurs faisant le trajet entier. Les besoins de ce mouvement, qui depuis l'ouverture du canal latéral vont toujours en croissant, exigeraient un matériel de transport beaucoup plus considérable que celui qui existe actuellement. On estime qù'il faudrait au moins une somme de 1,500,000 fr. pour créer un matériel suffisant et faire en outre quelques réparations urgentes au chemin.

Chemin de fer d'Épinac au canal de Bourgogne, à une voie. Concession directe et à perpétuité, 18 février 1830.

Ce chemin, construit entièrement dans les intérêts de l'exploitation des houillères d'Épinac, par le concessionnaire même des mines, a un développement total de 28,000 m. (7 lieues). Il est établi à une voie et est desservi par la force animale ; il a un plan incliné. Le poids des rails, par mètre, est de 11 kilog. Son établissement à forfait a coûté 1,450,000 fr.

Ce chemin sert uniquement au transport de la houille des mines d'Épinac, dont les actions représentent à la fois les intérêts du chemin et ceux des mines. On ne connaît donc rien de positif sur le rendement du chemin; seulement les actions se maintiennent au-dessus du pair.

Embranchement du chemin de fer d'Andrezieux à Roanne sur Montbrison à Montrond, à une voie. Concession limitée à 99 années, et mise en adjudication en avril 1833.

Ce chemin a pour objet le transport des voyageurs de Montbrison à Montrond et au chemin de fer de Roanne. Son développement total est 15,000 ^{m}. (3 lieues $\frac{3}{4}$). Il a été établi à une voie et construit sur le système américain, c'est-à-dire avec des rails plats qui ne pèsent que 6 $^{kilog.}$ par mètre. Il est desservi par la force animale.

Les concessionnaires ont été autorisés à établir ce chemin sur un des accôtements de la route départementale n° I de Lyon à Montbrison, laissant encore à cette route une largeur d'au moins 6^m 80^c; on suppose que les pentes ne dépassent pas 12 mil. Les dépenses de construction se sont élevées à 250,000 francs.

Chemin de fer d'Alais à Beaucaire, à une voie. Concession perpétuelle mise en adjudication en juin 1833.

Ce chemin a pour objet le transport de la houille provenant de l'exploitation des concessions houillères du bassin d'Alais, et celui des voyageurs. Il part d'Alais, descend la vallée du Jardon, passe par Saint-Geniès, dessert la ville de Nîmes, capitale du Gard, et vient se terminer à Beaucaire, en amont du débouché du canal de Beaucaire au Rhône.

La longueur de la ligne d'Alais à Nîmes est de. . . . . 47,226^m

Celle de Nîmes à Beaucaire est de   22,723

Développement total d'Alais à Beaucaire . . . . 69,949^m ou (19 lieues $\frac{3}{4}$).

Sur la première partie les courbes ont des rayons qui varient de 500 à 3,000^m; et les pentes de 0^m,001 à 0^m,012.

Sur la seconde partie, les courbes ont des rayons qui varient de 750^m à 3,000^m; les pentes de 0^m,002 à 0^m,007.

La pente totale franchie sur ces deux lignes est de 194^m 50^c.

Le poids des rails, par mètre, est de 31 kilogr. Suivant un marché à forfait passé par les concessionnaires avec la compagnie des mines de la Grand'Combe, l'établissement de ce chemin et celui de son prolongement sur les mines de la Levade, ne reviendrait qu'à 12 millions de francs.

Ce chemin est en cours actif d'exécution. On espère que la partie comprise entre Nîmes et Beaucaire, pourra être livrée à la circulation en juillet 1839, et d'Alais à Nîmes dans le courant de 1840.

Chemin de fer de Saint-Germain, à deux voies. Concession directe, limitée à 99 ans. 9 juillet 1835.

Ce chemin construit pour le transport des voyageurs, unit la ville de Paris aux rives de la Seine au pont du Pecq. Il part de la place de l'Europe, dessert Clichy, Asnières, Chatou, Nanterre, et vient se terminer sur la rive droite de la Seine au pont du Pecq. Le développement de la ligne principale est de 18,000^m (4 lieues $\frac{1}{2}$).

Il a été établi, à deux voies, sur une largeur en couronnement d'au moins 8^m ; il est composé de trois grands alignements raccordés par des courbes qui n'ont pas moins de 4,500ᵐ de rayon. La pente maximum ne dépasse pas 0ᵐ,0035. Le poids des rails, par mètre courant, est de 30 kilog.

L'établissement de ce chemin, y compris son matériel de transport, la gare définitive dans Paris jusqu'à la rue Saint-Lazare, et les annexes nécessaires au chemin de Saint-Cloud et de Versailles qui vient s'y embrancher, reviendra à 12,230,000 f.

Malgré l'énormité de ce chiffre, la direction du chemin a pu déclarer cette année un dividende d'environ 10 p. 0/0 sur les actions au prix d'émission.

Chemin de fer de Montpellier à Cette, à une voie. Concession directe, limitée à 99 ans. 25 avril 1836.

Ce chemin a pour objet le transport des marchandises et des voyageurs entre Montpellier, capitale du département de l'Hérault, et Cette, port de mer sur la Méditerranée, le cinquième port de France par l'importance de son commerce tant en navigation de long cours qu'en cabotage. Le développement total de la ligne principale est de 27,500 mèt. (près de 7 lieues).

Il a été établi à une voie sur une largeur de

4 ^{m.} dans les remblais et de 5 ^{m.} 90 ^{cent.} dans les déblais. Il se compose de quatre grands alignements raccordés par des courbes dont les rayons n'ont pas moins de 1,200 mètres. La pente maximum ne dépasse pas $0^m,0035$, encore celle-ci ne se trouve-t-elle que sur un passage très-court et par conséquent sans effet ; sur tous les autres points de la ligne, le maximum des pentes est de $0^m,0033$. La pente totale franchie est de 25 mèt. 50 cent. Le poids du rail par mètre est de 20 kil.

L'établissement complet de ce chemin, son matériel inclus, est revenu à 3 millions de francs par suite d'un marché à forfait conclu entre la compagnie concessionnaire et M. Th. Brunton, entrepreneur-gérant.

Ce chemin est livré à la circulation et a commencé son service sous d'heureux auspices ; pendant les six premiers jours d'une ouverture provisoire, en avril, il a transporté 7,222 voyageurs, et a rendu 12,800 francs.

Chemin de fer des mines d'Alais, à une voie. Concession limitée à 99 ans. 12 mai 1836.

Ce chemin a pour objet le service même des houillères de la Grand'Combe à Alais ; et forme le prolongement obligé du chemin d'Alais à Beaucaire adjugé antérieurement aux mêmes concessionnaires. On peut donc regarder ces deux chemins, quoique concédés sous des lois différentes, passées à un intervalle de temps de trois ans, comme ne formant qu'un seul et même établissement; c'est ainsi que les concessionnaires propriétaires l'ont considéré en faisant l'apport de cette propriété à la Société des mines de la Grand'Combe, dont l'exploitation comprend l'exécution et la gestion de ces chemins.

La longueur de la ligne principale des mines de la Levade à Alais est de 16,750 mèt. (environ 4 lieues $\frac{1}{2}$).

Les courbes ont des rayons variant de 200 à 750 mètres.

Les pentes varient de 0^m,002 millim. à 0^m,005 mil.

La pente franchie est de 76 mètres; le poids du rail est de 31 kilog.

Les dépenses de construction de ce prolongement sont comprises dans le marché à forfait passé pour l'établissement des chemins de fer d'Alais à Beaucaire dont nous avons rendu compte plus haut.

On a commencé l'exécution du chemin des mines simultanément avec la portion comprise entre Nîmes et Beaucaire, l'intention étant de livrer d'abord ces deux parties à la circulation comme étant susceptibles d'une mise en produit immédiate.

Nous ne devons pas omettre de dire ici que les chambres, pendant leur session de 1837, ont accordé l'appui des fonds de l'État pour faciliter et hâter l'exécution de ces chemins de fer. Une somme de 6,000,000 francs a été votée aux conditions que la compagnie des mines de la Grand'Combe fournira à l'État, pendant quatorze ans, les houilles qu'il consommera dans la Méditerranée, au prix de 33 fr. 80 c. Le prix payé par l'État en 1838, était de 48 francs.

Chemin de fer de Paris à Versailles, rive droite, à deux voies. Concession limitée à quatre-vingt-dix-neuf ans, mise à l'adjudication le 26 avril 1837.

Ce chemin de fer a pour objet le transport des voyageurs que la curiosité peut appeler à Versailles; il se rattache au chemin de fer de Paris à Saint-Germain, à Asnières, sur la rive gauche de la Seine, passe derrière Puteaux, Surène, Saint-

Cloud, dont il traverse le parc en souterrain, traverse le vallon de Ville-d'Avray, passe près de Bas-Chaville et Bas-Viroflay et arrive dans Versailles à la rue Duplessis.

Le développement de la ligne principale est de 23,000 mètres (5 lieues $\frac{3}{4}$).

Il a été établi à deux voies; il a des courbes dont le rayon minimum est porté à 700 mètres; sa pente maximum est de 0^{m}005 millimètres; la pente totale franchie est de   le poids des rails, par mètre, est de 30 kilog.

L'établissement de ce chemin a déjà coûté 11 millions de francs, on estime qu'il reviendra à 13,500,000 francs.

Chemin de fer de Paris à Versailles, rive gauche, à deux voies; concession limitée à quatre-vingt-dix-neuf ans, mise en adjudication le 26 avril 1837.

Ce chemin a le même objet que son rival sur la rive droite de la Seine; seulement, quant à la population même de Paris, comme l'un satisfaisait aux besoins de la rive droite on a voulu que les habitants des quartiers rive gauche eussent aussi leur chemin de fer, leur station de départ et d'arrivée.

Il part d'une station près de la barrière du Maine, hors Paris, dessert les communes de Vanvres et Issy, passe par Bas-Meudon, Bellevue, derrière Sèvres, par Bas-Chaville, Chaville, Viroflay, et arrive à la station de Versailles, sur l'avenue de la Mairie.

Le développement de la ligne principale est de 16,888 ^{m} 79, un peu moins de 4 lieues $\frac{1}{2}$.

Il a été établi à deux voies; ses courbes ont des rayons qui varient de 1,200 à 2,400 mètres; il a une pente uniforme qui ne dépasse pas quatre millimètres par mètre (0 ^{m} 004).

La dépense d'exécution s'élève déjà à 8 millions de francs; on a lieu de supposer que les dépenses définitives, pour son entier achèvement, ne s'élèveront pas à moins de 15 millions de francs.

Chemin de fer de Mulhouse à Thann, à une voie, concession directe, limitée à juillet 1837.

Ce chemin a pour objet le transport des marchandises et des voyageurs entre Mulhausen, ville importante par son commerce et son industrie, et Thann, où la présence de la puissance hydraulique a donné un très-grand développement aux filatures de coton et à la fabrication de toiles peintes et de machines à filer. Il se fait journellement aux environs de Mulhouse, par suite de son industrie, un grand mouvement d'ouvriers.

Le développement total de la ligne principale est de 19,000 mètres (4 lieues $\frac{3}{4}$). Il a été établi à une voie; les courbes ont un rayon minimum de 1,000 mètres; le maximum des pentes est de 0^m 0063 par mètre; la pente totale rachetée est de   Le poids du rail, par mètre courant, est de   . Il est exécuté à forfait par M. Kœcklin, pour 1,400,000 francs; il sera livré prochainement à la circulation.

Chemin de fer de Bordeaux à la Teste, à une voie. Concession limitée à trente-quatre ans, mise en adjudication le 26 octobre 1837.

Ce chemin a pour objet le transport des marchandises et des voyageurs entre Bordeaux et le port de la Teste, sur la baie d'Arcachon. L'adjudication de ce chemin a porté sur la réduction à faire à la durée de la concession qui, dans le cahier des charges , était primitivement de quatre-vingt-dix-neuf ans.   Ce chemin n'est appelé à desservir que la baie d'Arcachon et par conséquent à effectuer le transport des produits qui peuvent s'y concentrer tant en provenances des Landes qu'en celles de la mer.

Le développement de la ligne principale, d'après le projet primitif, est de 52,000 m (13 lieues), il doit être établi à une voie; ses alignements se raccordent par des courbes qui n'ont pas moins de   de rayon ; ses pentes ne doivent pas dépasser 0 m, 0035, quoique dans l'avant-projet sur lequel la concession a été accordée elles aient été portées à 0,005. La pente totale à racheter est de   Le poids des rails par mètre est de 20 kilog.

L'établissement de ce chemin, y compris son matériel de transport, d'après un marché à forfait passé entre la compagnie et MM. Verges et Bayard de la Vingtrie , ne doit pas dépasser 4,600,000 fr.

Déjà une partie des approvisionnements sont faits ou engagés; mais on n'a pas encore commencé le chemin, à cause des difficultés survenues dans la détermination d'un projet définitif, d'après les données de l'avant-projet, celles-ci ayant été trouvées fausses sur un point important; à savoir: la différence de 10 mètres de pentes qui existerait entre le projet sur lequel l'adjudication a été faite, et celui d'exécution par les entrepreneurs du forfait. Il y aurait donc, d'après cela, nécessité de changer entièrement la direction du chemin pour arriver sur Bordeaux, afin de se conformer au taux des pentes fixé par le cahier des charges, ou de modifier le taux même des pentes, pour que la station d'arrivée ne se trouvât pas beaucoup trop élevée au-dessus du sol naturel.

En signalant purement et simplement ces faits, nous croyons devoir nous abstenir de toutes les réflexions qu'ils suggèrent.

Chemin de fer de Strasbourg à Bâle, à une voie. Concession directe, limitée à soixante-dix ans. Février 1838.

Ce chemin a pour objet de transporter des marchandises et des voyageurs entre Strasbourg et la frontière suisse, par Bâle. Sa station de départ, à Strasbourg, est choisie près de la porte Saverne, entre les grandes routes de Strasbourg à Saverne, et de Strasbourg à Paris, afin de pouvoir s'embrancher facilement avec les chemins de fer projetés de Paris à Strasbourg, de Strasbourg à Saarbruck et de Mayence à Strasbourg, par la Bavière rhénane. Il dessert directement Benfeld, Shœlestadt, Colmar, Lutterbach, où il se rattache au chemin de Mulhouse à Thann, dont il utilise le parcours jusqu'à Mulhouse, et vient se terminer pour le présent à Saint-Louis, d'où il pourra être facilement prolongé jusqu'à Bâle. Ce chemin traverse la partie riche, industrielle, commerçante, peuplée, de l'Alsace, et en dessert ainsi les villes les plus intéressantes.

Le développement total de cette ligne est de 140,000 mètres, ou 35 lieues; il doit être établi à une voie; il est composé en majeure partie d'alignements droits de très-grande étendue, rattachés par des courbes à de très-grands rayons; il offre beaucoup de parties de niveau, et des pentes très-douces, généralement au-dessous de 2 millimètres par mètre; la plus forte pente est de 3 millimètres, qui n'existe que sur un huitième de la longueur du chemin; la pente totale rachetée est de 129 mètres; le poids du rail, par mètre, est de

L'établissement de ce chemin, y compris la fourniture de son matériel complet, doit revenir à 40 millions, d'après les conditions d'un marché à forfait passé par MM. N. Kœchlin et frères avec la compagnie.

Le fonds social de la compagnie a été porté à 42 millions ; 40 millions pour le forfait, 1 million de réserve, et 1 million imposé à la compagnie, par la concession, pour subvenir aux frais d'établissement du prolongement de cette ligne sur Lauterbourg.

D'après le rapport présenté par le conseil d'administration de la compagnie, le 10 avril 1839, l'état et l'avancement des travaux étaient des plus satisfaisants ; on y annonce que les deux sections de Colmar à Benfeld et de Mulhouse à Bâle seront livrées à la circulation en 1840, et que l'exploitation des deux autres sections devra suivre de très-près.

Chemin de fer de Paris à Rouen, au Havre et à Dieppe, avec embranchements sur Elbeuf et Louviers ; à deux voies. — Concession directe, limitée à quatre-vingts ans. — 14 juin 1838.

Ce chemin a pour objet le transport des marchandises et des voyageurs entre Paris, Rouen, le Havre et Dieppe ; il doit donc répondre à la fois aux besoins du commerce ordinaire, du commerce en transit et du mouvement des voyageurs, qui entre ces points est déjà très-considérable, et ne peut que s'accroître, à cause des rapports ouverts ou à ouvrir encore par la navigation à la vapeur entre ces points extrêmes, l'Angleterre, l'Irlande, l'Écosse, la Hollande, la mer du Nord, la mer Baltique et les ports de notre propre territoire. Il part d'une station projetée aux environs de la rue Lafayette, quartier Poissonnière, dans Paris même, dessert directement Saint-Denis, Pontoise, Gisors, Rouen, Yvetot, Bolbec, Harfleur et le Havre; Dieppe par un embranchement direct; Elbeuf et Louviers par des embranchements. De Charleval, sur la ligne principale, on arrive à Rouen par deux embranchements, l'un au boulevard Beauvoisine, l'autre à Saint-Sever, faubourg de Rouen, par la vallée de l'Andelle.

Le développement de la ligne principale sur Rouen, le Havre et Dieppe, est de 273,559 mètres, celui des embranchements de 54,500 mètres, développement total, 328,059 mètres, 82 lieues.

Le chemin doit avoir deux voies sur tout son développement : sur une largeur, en couronne, de huit mètres trente centimètres (8 m. 30 c.) dans les parties enlevées, et de sept mètres quarante centimètres (7 m. 40 c.) dans les tranchées et les rochers.

Le maximum des pentes ne doit point excéder trois millimètres et demi (0m 0035) par mètre, sur toute la ligne et ses embranchements, et 0ᵐ005 entre Bolbec et le Havre.

La somme des pentes et contre-pentes sur la ligne principale au Havre est de   641 ᵐ. 78 ᶜ.
  Celle sur l'embranchement sur
Dieppe est de   172 ᵐ.

D'après le devis estimatif du gouvernement, l'établissement de la ligne principale, l'embranchement sur Dieppe inclus, reviendrait à 70 millions; celui des embranchements à 10 millions; dépense totale estimative, 80 millions.

La compagnie exécutante s'est constituée au capital de quatre-vingt-dix millions de francs (90 millions).

Nous regrettons de n'avoir à constater ici que la complète inactivité de la compagnie, quant à ses moyens d'exécution et en présence de l'obligation qu'elle a contractée envers le public; nous regrettons surtout, quelles que soient les justes appréhensions qu'elle puisse entretenir aujourd'hui sur ses moyens de remplir ses engagements sous le poids d'un cahier des charges onéreux, nous regrettons essentiellement, dans ses intérêts et dans ceux du public, qu'elle ne se soit pas mise de suite en devoir de pousser activement l'exécution de la portion de son tracé qui s'étend jusqu'à Pontoise. Elle eût fait acte d'un noble désir de supporter la cause de l'industrie privée qu'elle avait au premier abord semblé épouser; et, certes, elle eût retrouvé, dans l'exploitation de cette importante section, la rémunération de ses louables efforts. Nous avons, du moins personnellement, toute la garantie de ce que nous avançons : Pontoise est déjà et doit devenir de plus en plus un pivot important dans nos communications avec le nord et le riche et populeux bassin de la Seine; il fallait donc comprendre tous les avantages attachés à la prise de possession de cette tête de ligne, et ne pas subir une perte de temps dont nous n'osons pas prévoir toutes les fatales conséquences.

Nous ne nous sommes permis ces réflexions, contrairement à nos engagements au commencement de cette notice sur les chemins de fer exécutés ou concédés, que parce que nous approchons du moment où nous nous proposons de développer nos vues sur l'ensemble de nos railways, et que la direction générale de Paris, Rouen et le Havre, avec Dieppe, forme le chaînon principal du système de communications actives réclamé par le commerce et l'industrie du pays.

Chemin de fer de Paris à Orléans, à deux voies ;
concession directe, limitée à soixante-dix ans,
7 juillet 1838.

Ce chemin a pour objet le transport des marchandises et des voyageurs entre Paris et Orléans, entre la Seine et la Loire, entre le bassin de la Loire, par conséquent ses affluents, et le principal débouché de notre commerce extérieur. Plein d'avenir par les causes de vitalité qui s'y rattachent, il a aussi d'importantes conditions à remplir pour répondre à ces exigences. La concession actuelle a autorisé l'exécution d'un tracé qui, partant du boulevard de l'Hôpital, à Paris, entre la place Valhubert et le pont de Bièvre, passera près d'Ivry et de Vitry, le long du pont de Choisy-le-Roi, derrière le village d'Ablon, atteindra Saint-Michel, puis se dirigera sur Lardy pour arriver au faubourg Saint-Pierre de la ville d'Étampes, et de là, presque en ligne directe, par Achères, à Orléans, pour se terminer au boulevard extérieur : elle prescrit un embranchement sur Corbeil par un tracé qui suit la rive gauche de la Seine, un autre embranchement sur Arpajon ; enfin un troisième sur Pithiviers.

Le développement de la ligne principale est
de. . . . . 114,740 mèt.
Celui des embranchements est de   30,500

Développement total. 145,240
ou environ 38 lieues $\frac{1}{4}$.

Il doit être établi à deux voies sur la ligne principale, et à une voie sur les embranchements; la plus petite courbe a un rayon de 1,000 mèt.; la pente maximum ne doit point dépasser 3 mill.; la pente totale rachetée est de 85. mèt. Les rails doivent être du poids de 30 kilog. par mètre.

L'établissement de ce chemin et de ses embranchements ne devait coûter, d'après les devis de l'administration des ponts-et-chaussées que 23,320,000 fr. La compagnie s'est constituée au capital social de 40 millions qu'elle craint encore, avec raison, voir dépassé si des modifications importantes ne sont pas introduites au cahier des charges qui lui a été imposé : malgré l'incertitude d'une solution favorable à ses réclamations, et malgré surtout l'effet du discrédit qui, dans la crise générale, a atteint ses actions, cette compagnie n'a point hésité néanmoins à faire preuve de sa bonne volonté à remplir ses engagements en commençant immédiatement l'embranchement de Paris à Corbeil; déjà même les travaux se poursuivent avec une telle activité sur cette première section qu'on espère être en mesure de la livrer à la circulation dans le courant de l'année. Nous approuvons cette louable résolution dont les résultats, nous l'espérons, seront favorables à l'industrie; car c'est en faisant acte de zèle et de persévérance, et en introduisant une judicieuse économie dans leurs opérations administratives et dans leurs travaux que les compagnies parviendront à reconquérir ce degré de confiance publique indispensable à leur réussite. Du reste, nous ajouterons que le chemin de fer d'Orléans réunit l'ensemble le plus complet des conditions favorables au succès financier de semblables entreprises; mais le complément nécessaire néanmoins pour l'assurer, c'est que son exécution rentre dans les limites d'une juste prévision, et présente ainsi la seule garantie qui puisse rassurer les actionnaires et le public en général.

TABLEAU *récapitulatif des longueurs et du prix de revient des chemins de fer exécutés, en cours ou concédés.*

DÉSIGNATION DES CHEMINS DE FER.	EXÉCUTÉS.		DÉPENSE effective.	EN COURS D'EXÉCUTION.		DÉPENSE présumée.	CONCÉDÉS.		DÉPENSE estimative.
	2 voies.	1 voie.		2 voies.	1 voie.		2 voies.	1 voie.	
	lieues.	lieues.	francs.	lieues.	lieues.	francs.	lieues.	lieues.	francs.
Saint-Etienne à Andrezieux.	»	4 1/4	2,150,000	»	»	»	»	»	»
Saint-Etienne à Lyon.	14 3/8	»	15,000,000	»	»	»	»	»	»
De Roanne.	»	16 3/4	7,226,548	»	»	1,500,000	»	»	»
D'Epinac.	»	7	1,450,000	»	»	»	»	»	»
De Montbrison.	»	3 3/4	250,000	»	»	»	»	»	»
Des mines d'Alais.	»	»	»	»	4 1/6	12,000,000	»	»	»
D'Alais à Beaucaire.	»	»	»	»	19 3/4	»	»	»	»
De Saint-Germain.	4 1/2	»	12,270,000	»	»	»	»	»	»
De Montpellier à Cette.	»	7	3,000,000	»	»	»	»	»	»
De Paris à Versailles, R. D.	5 3/4	»	13,500,000	»	»	»	»	»	»
De Paris à Versailles, R. G.	»	»	»	4 1/4	»	15,000,000	»	»	»
Mulhouse à Thann.	»	»	»	»	4 3/4	1,400,000	»	»	»
Bordeaux à la Teste.	»	»	»	»	13	4,600,000	»	»	»
Strasbourg à Bâle.	»	»	»	»	35	40,000,000	»	»	»
Paris à Rouen.	»	»	»	»	»	»	68 3/8	43 5/8	90,000,000
Paris à Orléans.	»	»	»	28 5/8	9 7/8	40,000,000	»	»	»
	24 5/8	38 3/4		32 7/8	86 1/2		68 3/8	43 5/8	
	63 lieues 3/8 =		54,866,546	119 lieues 3/8 =		114,500,000	82 lieues =		90,000,000

264 lieues 3/4 = 259,206,548 fr.

Des analyses précédentes et du tableau résumant les longueurs de parcours et les dépenses totales, nous arrivons aux conclusions suivantes :

« Que nous n'avons encore que 63 lieues $\frac{3}{8}$ de railways achevées, dont les 5/8 ne sont qu'à une voie, et sur lesquelles on a dépensé 55 millions;

« Que 119 lieues $\frac{3}{8}$, dont plus des 2/3 à une voie, sont encore en cours d'exécution, et exigeront au moins une dépense de 114,500,000 fr.;

« Que 82 lieues ont été concédées, dont les dépenses estimatives s'élèvent à 90 millions, mais qui très-probablement dépasseront de beaucoup ce chiffre, si la compagnie concessionnaire se décide à en suivre l'exécution conformément au cahier des charges imposé;

« Qu'enfin, lorsque tous les chemins de fer ci-dessus indiqués seront terminés, nous aurons alors 264 lieues $\frac{3}{4}$, dont un peu plus de la moitié sera à une voie seulement et sur lesquelles on aura dépensé au moins 260 millions, peut-être même 290 millions. »

De pareils résultats ne sont pas très-encourageants pour l'avenir; mais nous sommes forcés de reconnaître que si on persévère à laisser sous le régime actuel la direction de ces voies nouvelles, les chemins de fer ne se naturaliseront pas en France, et leur prix de revient, au lieu de diminuer, augmentera. Nous avons suffisamment expliqué précédemment les raisons sur lesquelles nous faisons reposer nos opinions, nous ne reviendrons donc point ici sur ce sujet, et nous passerons à formuler les conditions générales sur lesquelles doit être établi un système de railways en France.

La configuration physique d'un pays détermine toujours chez les peuples qui l'habitent le genre d'industrie auquel ils sont plus particulièrement appelés à se vouer, et la répartition des centres mêmes de ces industries : aussi l'étude générale de ce pays peut-elle facilement faire reconnaître où les points capitaux de son industrie existent, et les grandes directions que suivent entre eux les rapports qui s'établissent entre ces points ; mais la description détaillée de ces directions exigerait des renseignements positifs et arrêtés sur les populations et sur les ressources commerciales et industrielles du pays, que nous n'avons pas. Les connaissances géographiques et topographiques sont sans doute indispensables pour déterminer la possibilité d'un tracé, mais elles ne peuvent suffire ; il faut encore être appuyé sur des données statistiques, sur toutes les questions qui se rattachent aux considérations politiques et industrielles, pour pouvoir décider si, une direction étant possible elle se trouve la meilleure, c'est-à-dire celle qui répond le mieux aux besoins du plus grand nombre.   Or, parmi les documents publiés par l'administration des ponts-et-chaussées, nous trouvons bien des études de lignes projetées par les ingénieurs qui les ont suivies; mais nous ne pouvons pas y voir sur quelles données politiques et industrielles, la préférence donnée à un tracé est basée.   Le fait est que l'administration a demandé aux chambres une appropriation pour faire exécuter des études de chemins de fer, et qu'elle s'est contentée de faire faire des nivellements sur un certain nombre de directions arrêtées apparemment à l'avance dans ses bureaux.   Elle aurait dû porter tous ses soins à recueillir d'abord les renseignements exacts sur l'état et le mouvement des populations, sur toute l'étendue du cadre où les railways doivent porter leur influence; sur la quantité de la production et le mouvement qui en résulte, pour les divers centres et les divers ports; sur la richesse numériquement représentée de chaque zone traversée; sur les produits des ressources minérales et forestières; enfin, sur tous les points de statistique économique sans lesquels il est impossible de former une juste appréciation des ressources ou des besoins d'un pays et dans l'absence desquels, par conséquent, on ne peut baser avec quelque garantie de nationalité un système de travaux publics, encore moins en imposer l'exécution aux ressources des capitaux privés.

Nous avons donc tout lieu de redouter de la part de l'administration un mauvais choix de direction, et nous avouons que ce doute ne contribue pas pour peu à entretenir la défiance du public pour nos dernières entreprises de chemins de fer. En effet, dans la lutte qui a été soutenue par la compagnie du chemin de fer de Paris au Havre par la vallée de la Seine contre le projet du gouvernement par les plateaux, nous ne nous sommes point trouvé suffisamment renseigné pour nous prononcer en faveur de ce dernier, et au contraire, par cela même que la compagnie de la vallée avait fait exécuter à ses frais ses études, nous nous sommes trouvé incliné à considérer ce projet comme devant réunir plus de garanties de succès financier.

Ainsi, comme il nous est impossible de nous procurer les renseignements détaillés que nous venons d'indiquer, nous n'entrerons point dans l'énumération de tous les points par lesquels les grandes lignes d'un système national de railways devraient passer, nous nons bornerons seulement à désigner les points extrêmes des lignes que nous regardons comme les artères principales.

Paris, étant à la fois le grand entrepôt de notre industrie et le centre des capitaux disponibles, est évidemment un point capital du système sur lequel doivent tendre toutes les lignes à créer ; mais comme dans le mouvement commercial Paris ne se trouve point un point extrême mais bien un point intermédiaire obligé entre nos deux grands ports d'exportation, le Havre sur l'Atlantique et Marseille sur la Méditerranée, il en résulte que les railways projetés des extrémités sur Paris, ou si l'on veut de Paris aux extrémités du territoire, ne doivent point s'arrêter isolément dans cette capitale ou près d'elle, mais doivent se rattacher entre eux de manière à permettre le transport direct des marchandises en transit depuis le point de départ à la frontière jusqu'au port d'exportation. Cette condition nous paraît indispensable chez nous où Paris n'est point comme Londres à la fois la grande métropole financière et le port d'exportation. Pour rendre à Paris ce caractère si important dans notre siècle, il nous faut faire tous les sacrifices possibles pour rendre le seul port qui aujourd'hui répond à nos besoins d'exportation sur l'Atlantique, un faubourg de la capitale, il faut qu'on puisse se rendre aussi facilement de Paris au Havre, en quelque façon, qu'on se rend de Manchester à Liverpool. Aujourd'hui les rapports de ces deux villes sont intimes. Manchester a autant fait Liverpool que Liverpool a fait Manchester. Il nous faut arriver à peu près au même résultat, à notre échelle du moins, entre le Havre et Paris. La ligne du Havre à Paris semble donc appelée à former la base principale du système de railways à adopter, c'est-à-dire qu'elle doit en être le grand tronc, le débouché obligé. D'après cette vue cette ligne ne pourrait se composer d'une seule voie, deux voies sont indispensables ; car elle doit servir à la fois au mouvement des marchandises et des voyageurs dont elle recevra de nouveaux envois par les différentes lignes qui viendront converger sur la capitale. Son profil doit répondre également aux exigences d'une grande vitesse, car cette ligne doit ouvrir une communication directe par l'assistance de la navigation à la vapeur avec l'Angleterre et tous les ports importants de l'Atlantique : ce sera donc sinon le seul point où on viendra toucher le sol de la France de ce côté de l'Atlantique, du moins un des points les plus fréquentés par les voyageurs, à cause de sa proximité de la capitale et de la facilité des transports. Le nombre des voyageurs devra donc être considérable.

Importante comme l'est cette ligne sous tous les points de vue qui intéressent notre prospérité, notre nationalité et le développement même de ces voies nouvelles, elle n'en est pas moins restée jusqu'à ce jour sans exécution. La concession, cependant, a été accordée l'année dernière à une compagnie puissante; les noms de ses membres et leur solvabilité offraient de grandes garanties, et devaient faire présager un prompt achèvement, du moins la réalisation d'un commencement d'exécution; il n'en a point été ainsi, parce qu'il a plu à l'administration supérieure des ponts-et-chaussées d'imposer de telles charges à cette compagnie, que lorsqu'elle est venue à se rendre compte de ses obligations, elle a bientôt été convaincue qu'il lui serait impossible de répondre à ses engagements avec les prévisions du capital social auquel elle s'était constituée; de là délai inévitable et remise des travaux jusqu'à rectification complète des clauses onéreuses, systématiquement rédigées et imposées à toute compagnie qui se présente pour exécuter des travaux que l'administration voit à regret sortir de sa juridiction. Ainsi voilà une des entreprises les plus importantes de notre époque qui reste sans exécution; des capitaux souscrits par les hautes notabilités commerciales et financières qui restent sans destination; sans parler des conséquences fatales de cette position pour notre commerce, et de la perte irréparable de temps qui en résulte pour la réalisation de nos prétentions au transit sur notre territoire. Ce fait est grave et mérite l'attention de nos chambres : elles doivent remonter à la source de ce mal qui est devenu le sujet de plaintes trop générales pour être seulement le résultat de haines ou de rancunes individuelles.

Pour nous, la source du mal est évidente, nous l'avons déjà signalée : tant qu'on ne créera pas une direction spéciale des chemins de fer indépendante des ponts-et-chaussées, jamais cette industrie ne pourra prospérer chez nous.

Après Paris, Lyon occupe sans contredit le premier rang sous le point de vue politique, administratif, stratégique et commercial; aussi le chemin de fer de Paris à Lyon nous paraît-il le plus important après celui du Havre; en effet, rattaché à ce dernier, il doit former la ligne capitale de la grande communication entre le nord et le midi, entre l'Atlantique et la Méditerranée, entre l'Angleterre et l'Inde; il pourra se relier au chemin de Strasbourg à Bâle et ouvrir ainsi des rapports avec l'est. On doit donc pouvoir facilement comprendre dès lors l'influence politique, sociale et industrielle, que le chemin de fer de Paris à Lyon doit exercer sur les destinées du pays.

Toutefois la détermination du meilleur tracé à suivre pour remplir cette lacune de Paris à Lyon, est une question délicate à résoudre, et pour laquelle on ne saurait trop étendre les recherches;

en effet, il ne nous est pas permis en France, sur notre sol accidenté, et avec nos grandes distances à franchir, de multiplier d'abord nos grandes lignes; il serait à désirer, au contraire, qu'une direction fût arrêtée avec la prévision d'y rattacher un plus grand nombre possible de localités importantes, ou de centres influents, et d'utiliser cette même direction à desservir d'autres lignes. Ainsi, on pourrait d'abord chercher le moyen de ramener le chemin projeté de Paris à Strasbourg sur une partie du tracé de celui de Paris à Lyon; on pourrait également, sur un point plus rapproché de Lyon, étudier l'embranchement d'un rameau principal sur Bâle, qui ouvrirait ainsi une communication directe avec la Suisse, et permettrait, par le chemin de Bâle à Strasbourg, l'établissement de rapports directs avec cette importante place commerçante.

Il rentrerait également dans la série d'études à faire pour la détermination du tracé du chemin de fer de Paris à Lyon, de fixer son prolongement sur Marseille; car ces quatre points capitaux de nos relations commerciales, le Havre, Paris, Lyon et Marseille, doivent se trouver sur une même ligne de parcours; il est indispensable que cette distance puisse être franchie dans le moins de temps possible pour répondre à son but national.

C'est donc une grande et belle tâche à remplir que celle de fixer premièrement le meilleur tracé que doit suivre cette ligne; mais c'en est encore une plus belle que celle de rendre son exécution praticable, en faisant que les revenus éventuels ne restent pas au-dessous des dépenses d'exécution. A cet effet, le chemin devrait être établi à une voie sur tout son parcours, excepté à l'approche des grandes villes, des centres et de points de jonction où d'autres lignes et d'autres embranchements pourraient venir à sa rencontre. Le service d'une grande ligne ne peut pas être comme celui d'un chemin de peu d'étendue où les départs et les arrivées s'effectuent à chaque heure ou à chaque demi-heure; au contraire, il ne peut y avoir comparativement qu'un petit nombre de départs, par exemple, deux par jour dans chaque direction, séparés ainsi de cinq ou six heures; il ne passerait donc sur chaque point du chemin que quatre trains; on comprend dès lors qu'on peut toujours distribuer les heures de départ de manière que les convois puissent s'attendre sur quelques points de station déterminés d'avance, de manière que le service régulier et non interrompu soit assuré sans faire courir aucun risque aux voyageurs. L'étude du profil longitudinal ne demande pas moins de soins, afin de profiter des accidents du terrain, et n'adopter des pentes plus ou moins réduites que d'après l'ensemble des frais de traction et des frais d'exécution.   On ne peut d'avance en prescrire la répartition, mais on peut prévoir que le maximum de pente assigné par l'administration ne saurait être maintenu sur toutes les portions de cette ligne, surtout sur les parties où elle franchit les montagnes.

Une fois cette ligne bien arrêtée, on pourrait s'occuper de son exécution par portions susceptibles d'être entreprises séparément par des compagnies aidées du gouvernement, qui pourrait se charger des portions sur lesquelles les revenus paraîtraient trop incertains pour déterminer l'entreprise par les capitaux privés; dans l'ordre d'exécution nous recommanderions qu'on commençât par les deux extrémités de cette ligne, de Paris vers Lyon, et de Marseille vers Lyon; mais comme Lyon se trouve le centre d'une grande population et à la tête de la navigation du Rhône, on pourrait également commencer des portions qui partiraient de Lyon et qui auraient ainsi pour but de diminuer l'étendue du parcours par les moyens ordinaires entre les points extrêmes, et de donner, au fur et à mesure de l'avancement des travaux, des résultats positifs, des revenus.   Car en principe de construction de voie de transport il vaut mieux que la population suive le progrès de la communication, que celle-ci n'aille après elle.

La grande ligne qui, par son importance, vient après celle que nous venons de décrire, est la ligne qui, ayant Paris pour centre, se rendrait directement au nord, à la frontière belge, pour s'y mettre en rapport avec tout le système des railways belges, et qui au sud-ouest se dirigerait sur Bordeaux et la frontière d'Espagne. Cette ligne aurait l'immense avantage de nous ouvrir la route du transport des voyageurs pour le nord de l'Allemagne, de s'approprier immédiatement le parcours de près de 100 lieues de railways déjà en circulation; d'ouvrir une communication directe avec Bruxelles et Londres au moyen d'un embranchement qui réduirait le passage par bateau à vapeur sur le canal de la Manche à la traversée de Douvres à Calais, puisque, de Londres à Douvres, un railway est en cours actif d'exécution, et pourra être exploité en 1841.

Elle aurait également le mérite de traverser un district houiller, par conséquent de fournir du combustible à un prix réduit, de traverser le riche bassin de la Somme, de rattacher ce bassin à celui de la Seine, ce dernier à celui de la Loire, enfin la Loire à la Garonne. La ligne du nord au sud-ouest pouvant toucher sur plusieurs points de son parcours la vallée de la Loire, et admettre un embranchement principal sur Nantes, par là elle s'enrichirait des produits variés dont cette voie navigable est le canal, et elle pourrait ainsi s'approvisionner de nouveau de combustible à un prix modéré; l'union du bassin de la Garonne à celui de la Loire aurait pour résultat de donner un encouragement justement réclamé par cette classe de nos reproducteurs dont les peines sont si souvent frustrées par les vicissitudes de nos saisons changeantes. Enfin, cette ligne pourrait être prolongée jusque sur notre frontière d'Espagne, et augmenter encore ainsi, et comparativement à peu de frais, les moyens d'échange et de débouchés pour notre industrie du nord, tout en répandant sur tout son parcours une vie et une activité nouvelles.

La première partie de cette ligne, de Paris à Orléans, a déjà été concédée directement à une compagnie, qui s'est imposé le devoir de faire preuve de son bon vouloir à remplir ses engagements envers le public, en commençant immédiatement un premier embranchement de Paris à Corbeil; mais, pour qu'elle soit à même de poursuivre activement l'achèvement de la partie entière qui lui est concédée; elle réclame des modifications importantes au cahier des charges, rédigé par l'administration supérieure. Espérons que ces réclamations, venant ainsi d'un accord commun de toutes les compagnies concessionnaires, seront écoutées par les chambres, qui seules peuvent décider ce long et important procès pendant entre un des corps de l'Etat et le public représenté par les associations financières.

Nous répèterons pour l'ensemble de cette ligne ce que nous avons déjà dit pour celui de la ligne sur Lyon, que son tracé peut être étudié de manière à épargner pour le présent la multiplication inutile de lignes qui, dans l'état actuel de nos ressources industrielles, seraient plutôt des sources de concurrences fatales les unes aux autres que favorables au déploiement de nos richesses. Rien n'empêche en effet que le même tracé comprenne Orléans, Tours et Bordeaux, qu'un embranchement principal s'étende jusqu'à Nantes ; qu'enfin d'autres rameaux moins importants se détachent de la ligne principale pour aller porter la vie sur des centres secondaires d'industrie ou de population.

Nous disons aussi que sur une grande partie du parcours total de cette ligne une seule voie peut suffire aux besoins actuels ; du reste, le fait de l'établissement d'une seule ou d'une double voie ne doit être déterminé que quand on a fait l'épreuve de la réussite d'une seule, pourvue de gares d'évitement à des distances convenables. · Quant aux gares d'évitement dans le cas des deux voies, nous n'en reconnaissons nullement l'utilité, excepté aux points de chargement des marchandises ou de stations pour les voyageurs.

Telles sont les directions principales qui nous paraissent indiquées d'elles-mêmes par les besoins bien tranchés du pays, mais qui, pour y répondre le plus possible, doivent être étudiées et déterminées dans le choix des localités intermédiaires, d'après une connaissance très-approfondie des ressources de chaque point, et par la nécessité de considérer la somme des intérêts généraux à satisfaire comme la seule raison déterminante... Ainsi, ce n'est pas à vol d'oiseau qu'on peut arrêter le meilleur tracé qui reliera les deux points extrêmes par la ligne la plus courte, mais bien en étudiant avec le plus grand soin les divers éléments de succès d'une entreprise aussi importante : l'économie dans la construction, et les chances plus avantageuses de circulation et de transport.

Ce travail n'est point une tâche ordinaire à remplir, car il demande non seulement des connaissances étendues et spéciales sur bien des points, mais il exige surtout la possibilité d'agir en parfaite indépendance de toute considération personnelle, de localité ou d'affiliation à une hiérarchie administrative. Nous sera-t-il permis de citer encore ici l'exemple de la commission des améliorations intérieures aux Etats-Unis d'Amérique, déjà mentionnée précédemment. Cette commission eut à s'occuper de déterminer la direction définitive d'une grande route nationale, partant de Washington, la capitale de l'Union américaine, et se terminant à la Nouvelle-Orléans, sur le golfe du Mexique; cette route n'avait pas moins de 512 lieues. Eh bien! cette tâche fut accomplie sans donner lieu à la moindre objection élevée contre la décision de la commission; cependant ce travail fut exécuté dans un temps de grande fermentation; au renouvellement de l'élection du chef de l'Etat, époque à laquelle tout le pays prend un vif intérêt dans tout ce qui peut éveiller ses sympathies pour ou contre; certes, la détermination du tracé d'une telle voie de communication était un sujet bien propre à stimuler toutes les passions. Néanmoins, sur les neuf Etats souverains traversés sur un parcours de plus de 2,000 lieues embrassées dans cette reconnaissance, il ne se trouva pas une seule opposition aux conclusions de la commission, qui se formulaient sur des considérations commerciales très-étendues, sur les avantages rapportés aux populations, sur les considérations politiques, sur les considérations militaires, sur le service du transport de la poste; enfin, sur les considérations de construction, c'est-à-dire géographiques et géologiques.

Avant de parler des lignes qui, par leur importance, viennent se ranger dans les communications
du second ordre, nous croyons devoir dire un mot
sur un autre point, qui, depuis surtout que l'ac-
cession de la puissance de la vapeur a rapproché
de nous le continent américain, dont nous ne
sommes plus séparés que par treize jours de navigation, doit acquérir un certain degré d'importance. Elle lui est promise par la position avancée
qu'il occupe sur notre littoral de l'ouest, par
l'excellence de sa rade, et par conséquent par le
rôle qu'il pourra remplir dans les rapports plus
suivis qui vont désormais s'ouvrir entre l'ancien
et le nouveau monde; nous voulons parler du port
de Brest, cette tête de notre continent, qui peut
rendre de si grands services, et dont, dans un temps
de guerre, nos ennemis ont tant à redouter l'effet.
Une étude vraiment nationale serait celle qui
rendrait compte de la possibilité d'atteindre ce
point extrême de notre frontière par des chemins
de fer.

Je rappellerai encore ici de nouveau que l'Angleterre nous a offert un exemple d'une pareille
prévoyance en faisant étudier, dans la même vue,
une ligne traversant toute l'Irlande pour atteindre
le port de Castletown, à l'embouchure de la baie
de Bautry. Les paquebots à vapeur anglais pour
l'Amérique, qui se sont déjà assez multipliés pour

fournir des départs réguliers chaque mois de l'année, viendraient s'arrêter à ce port, qui leur ferait gagner deux jours de navigation dangereuse dans le canal de Saint-Georges.

Parmi les lignes secondaires, mais qui néanmoins intéressent indirectement la prospérité du pays, en provoquant le développement des ressources nationales, et en stimulant l'industrie locale, restée si longtemps engourdie chez nous, par le manque de débouchés faciles et de marchés avantageux, nous placerons au premier rang la ligne du littoral de la Méditerranée déjà en construction sur plusieurs de ses points essentiels, et qui un jour doit embrasser Marseille, Avignon, Beaucaire, Nîmes, Montpellier, Cette, Agde, Béziers, Carcassonne, Toulouse et Bordeaux. Cette ligne est appelée à prendre un rang important dans notre système national de voies nouvelles; car elle doit servir également au transport des marchandises et des voyageurs entre l'Atlantique et la Méditerranée, entre l'est et l'ouest; elle satisfera donc à la fois aux intérêts nationaux et aux intérêts privés; elle permettra, en effet, le ravitaillement de notre frontière du midi par Lyon, centre d'approvisionnements sur notre frontière de l'est, et elle deviendra le prolongement de la ligne de Lyon à Marseille dont elle s'appropriera une grande partie des transports tant en marchandises qu'en voyageurs, pour les livrer directement, soit au port de Cette, débouché déjà important et qui ne peut que grandir sous l'influence vivifiante de ces nouveaux moyens de transports, soit à la frontière d'Espagne, soit à Bordeaux. Ajoutons que cette ligne aura l'immense avantage d'être fractionnée en autant de parties qui toutes séparément rendront d'excellents produits, et en permettront aussi l'exploitation séparée.

On voit donc d'après ce qui précède combien il est intéressant que les diverses fractions de chemins appelées à composer cette ligne soient projetées dans une vue unitaire; combien surtout, éventuellement, il sera indispensable qu'elles offrent les mêmes facilités de circulation, les même garanties de sécurité et de commodité, au commerce et aux voyageurs, c'est-à-dire que deux voies seront indispensables sur la plus grande partie de son parcours. Déjà, au moyen des chemins de fer, dits du Gard (les chemins des mines d'Alais et d'Alais à Beaucaire), la distance comprise entre Beaucaire et Nîmes est achevée, et sera ouverte prochainement; celle de Montpellier à Cette est déjà livrée au public; il devient donc urgent de provoquer l'achèvement de la partie comprise entre Montpellier et Nîmes, en aidant les compagnies qui ont déjà fait preuve de leur capacité et de leur courageuse prévision, en allant porter ces entreprises nouvelles au milieu de nos populations les moins disposées alors.

C'est un devoir de l'État, et c'est une de ses belles prérogatives à exercer, que de seconder ainsi les moyens de répartir sur toute la surface de notre France les mêmes moyens reproducteurs. A cet égard, nous devons le reconnaître, il a déjà fait beaucoup en venant directement en aide à la compagnie des chemins du Gard : de tels précédents doivent faire espérer de l'avenir !

Nous rangeons dans le même ordre d'importance la ligne de Strasbourg à Bâle, et son embranchement de Mulhouse à Thann ; elle est, en effet, appelée à rendre d'immenses services à notre population laborieuse et dense de l'Alsace ; elle servira aussi à notre commerce de transit en se rattachant à la grande ligne du Hâvre, ainsi que nous l'avons déjà dit ; enfin, elle servira à unir le Rhin à l'Océan, et, dans l'avenir, le Rhin à la Méditerranée par la ligne de Marseille. C'est ainsi, on le voit, que tous les chemins de fer doivent s'enchaîner, et se prêter un secours mutuel ; c'est donc aussi dans cette vue qu'ils doivent être projetés.

De même que le chemin de Strasbourg à Bâle est appelé à étendre ses bienfaits le long de notre frontière de l'est , de même il serait important de provoquer l'exécution des chemins projetés sur notre frontière du nord ; nous regrettons que des compagnies déjà organisées , et qui s'étaient présentées pour l'exécution d'un chemin de Lille à Dunkerque , et de Mézière à Sédan , se soient trouvées dans la nécessité de se désister de leurs engagements. Cette ligne de la frontière du nord, passant par des centres de population et d'industrie aussi importants que ceux de Lille, Valenciennes, Mézières, etc., et s'appuyant sur Dunkerque, un de nos premiers ports par ses relations commerciales , ayant en outre l'immense avantage de traverser des districts houillers, et par suite manufacturiers, ne peut manquer d'être d'un produit avantageux dans son exploitation.

Espérons que nous verrons prochainement reprendre par les entreprenants habitants de nos riches départements du nord un sujet aussi intéressant à leur prospérité.

Il existe une troisième catégorie de chemins qui mérite également la sollicitude de l'État, c'est celle qui comprend tous les railroads d'exploitations de nos houillères, de nos carrières, de nos usines de tous genres. En général, ces richesses naturelles et les industries qui en dépendent sont reléguées sur des points peu favorisés par les débouchés naturels ou artificiels : aussi, la privation la plus grande que ressentent ces sortes d'établissements, c'est celle des débouchés ; il nous paraît donc indispensable, sous le point de vue national, que l'État contribue directement à l'amélioration de cette position, et il peut toujours le faire en facilitant, par tous les moyens en son pouvoir, les efforts privés qui se dirigent sur ces sortes d'industries.

Sous ce point de vue, nous pensons que la situation du chemin de fer de Roanne, construit principalement pour le transport des houilles, mais qui peut aussi servir au transport des voyageurs, mérite de fixer l'attention du gouvernement. Pour relever ce chemin de l'état d'impuissance dans laquelle il se trouve de satisfaire aux besoins de la localité qu'il traverse, il ne lui manque que les fonds nécessaires pour augmenter son matériel, et réaliser quelques améliorations indispensables. Nous ne pensons pas que l'État puisse faire une plus satisfaisante application de ses moyens qu'en venant directement en aide à cette industrie, par l'avance des fonds pour lesquels il est certain de retirer un très-bel intérêt.

RÉSUMÉ.

Tel est l'ensemble général auquel nous désirerions voir se rattacher tous les railways déjà construits, concédés ou à créer, et qui présenterait un développement qu'on ne peut pas estimer à moins de 750 lieues.   Cette tâche paraîtra vraiment imposante, lorsqu'on réfléchit que nous avons été 16 années à créer 63 $\frac{3}{8}$ lieues de chemin de fer.

Cependant, l'énormité de l'entreprise ne doit pas nous détourner de la commencer; car il faut que le pays le sache bien : S'il reste immobile comme il l'a été depuis ces dernières années, pendant lesquelles toutes les autres nations à l'entour de nous se sont sérieusement mises à l'œuvre pour nous enlever la plus grande partie des avantages commerciaux et industriels que nous donne notre heureuse position continentale, il faut qu'il s'attende à déchoir de la position élevée à laquelle nous nous sommes graduellement élevés; et si, dès aujourd'hui nous ressentons déjà, sur un grand nombre de points du territoire, et dans diverses branches d'industrie, l'influence d'une rivalité qui grandit tous les jours et d'une manière alarmante autour de nous, ce que nous éprouverons alors sera plus que du malaise, ce sera une prostration

complète dans le corps reproductif; et cette prostration atteindra tous les membres de la grande
famille : alors l'effet que nous signalons dès aujour-
d'hui comme ayant atteint quelques individus,
affectera la masse entière; tel sera l'effet matériel
de la continuation de notre engourdissement sur la
question de la création des chemins de fer : quant
à l'effet politique, qui peut si gravement compromettre notre nationalité, il est pénible, en vérité,
d'avoir à réveiller l'apathie de nos hommes d'État
sur sa gravité.   Qu'ils n'oublient donc pas que,
d'après les systèmes suivis par les gouvernements
voisins d'outre-Rhin et d'outre-Moselle; il arrivera
très-prochainement que de Berlin on pourra se
rendre à Francfort plus facilement et plus promptement que de Paris à Strasbourg; et comme, par
suite de nos indécisions, nous avons négligé de
nous approprier le parcours des chemins belges,
il arrivera également que ceux-ci, au lieu de servir
à nous couvrir, pourront aider considérablement
aux mouvements hostiles dirigés par la frontière
du nord contre notre capitale.

Ainsi donc, toutes les considérations nous font
une loi impérieuse et immédiate de sortir de l'état
d'apathie dans lequel nous sommes plongés; cela
doit être le vœu également prononcé de tous; tous
aussi nous devons vouloir concourir à nous créer
un meilleur avenir.   Et un des moyens les plus

certains d'arriver à ce résultat, d'en hâter la prochaine réalisation, c'est que les efforts de l'association agissent collectivement avec ceux de l'État, pour l'achèvement d'une première grande ligne. Gardons-nous en effet de disséminer nos moyens sur divers points qui réclament également et avec urgence des améliorations locales ; nous serions sûrs alors de ne jamais arriver à avoir un tout complet. Voyons, au contraire, une seule ligne, d'abord celle de Paris à la mer et de Paris à Lyon et au Rhin, car de deçà le Rhin et le Rhône se trouvent nos riches régions de l'ouest des États-Unis ! Cette première partie terminée, les autres viendront s'y rattacher tout naturellement ; il y a plus, l'exécution de ce tronc principal de nos voies nouvelles déterminera l'entreprise des autres. Telle est notre dernière pensée : unité d'efforts et d'action pour nous créer d'abord une ligne.